Conversas sobre Gestão

Ério Nascimento

Conversas sobre Gestão

QUALITYMARK

Direção Editorial
SAIDUL RAHMAN MAHOMED
editor@qualitymark.com.br

Produção Editorial
EQUIPE QUALITYMARK

Capa
EQUIPE QUALITYMARK

Editoração Eletrônica
PSDESIGNER

CIP-BRASIL. CATALOGAÇÃO NA PUBLICAÇÃO
SINDICATO NACIONAL DOS EDITORES DE LIVROS, RJ

N194c

Nascimento, Ério
Conversas sobre Gestão / Ério Nascimento. – 1. ed. – Rio de Janeiro : Qualitymark Editora, 2019.
216 p. : il. ; 23 cm

ISBN 978-85-414-0359-7

1. Administração. 2. Cultura organizacional. 3. Liderança. I. Título.

19-58151

CDD: 658.4092
CDU: 005.322:316.46

Vanessa Mafra Xavier Salgado – Bibliotecária – CRB-7/6644

2019
IMPRESSO NO BRASIL

Qualitymark Editora Ltda.
Rua José Augusto Rodrigues, 64 – sl. 101
Polo Cine e Vídeo – Jacarepaguá
CEP: 22275-047 – Rio de Janeiro – RJ

www.qualitymark.com.br
E-mail: quality@qualitymark.com.br
Tels.: (21) 3597-9055 / 3597-9056
Vendas: (21) 3296-7649

Prefácio

Em *Conversas sobre Gestão*, temos o privilégio de navegar nas perspectivas de um profissional da gestão empresarial, que continua abrilhantando o mundo executivo e as organizações em nível nacional, com contribuições em projetos de consultoria, treinamentos e palestras.

Neste livro, Ério Nascimento coloca toda a sua experiência em gestão, docência, governança e consultoria empresarial, desempenhada em quase quatro décadas, passando por grandes corporações e entidades. Acrescente-se a isso a integridade, ética, humanidade e humildade desse autor.

O tema gestão nos oferece infinitas abordagens e conteúdos, oriundos das mais diversas partes do mundo e de diferentes escolas acadêmicas e de negócios. Contudo, ter a oportunidade de ler algo tão completo e com uma perspectiva tão próxima de nossa realidade organizacional e empresarial é prazeroso e instrutivo.

Temos nas mãos uma obra eclética e que promove reflexões, de estudantes a empresários e CEOs, de profissionais a executivos e consultores de gestão. Ério escreve de forma fluida e, com generosidade, compartilha situações reais no mundo organizacional, enriquecidas por citações proferidas por pessoas e profissionais que o influenciaram, no qual e com os quais nos identificamos plenamente.

Partindo da sua afirmação que *"empresa é uma entidade que se torna viva e dinâmica como consequência dos interesses, emoções, decisões e movimentos de pessoas..."*, navegamos pelas perspectivas reais das histórias e aprendizagens que o autor vivenciou em sua trajetória como gestor, professor, consultor e conselheiro de administração.

Refletir, compreender e apropriar conceitos e lições sobre gestão, liderança, dinâmica e relações de poder, carreira, cultura e estrutura organizacional, estratégia e execução, *design* estratégico e negócios, gestão estratégica de recursos humanos e *storytelling*, com fundamentos conceituais e vivenciais, é um presente que o autor nos oferece, conversando sobre gestão com os seus leitores.

Orian Kubaski
Vice-presidente da Associação Brasileira de Recursos Humanos
ABRH Brasil

A relação das teorias de gestão e sua aplicação na prática das organizações é muitas vezes questionada, principalmente por aqueles profissionais que não conseguem implementar em um curto espaço de tempo aquilo que estudaram. Costumo dizer que esse distanciamento não existe, pois as teorias do universo da gestão são, na verdade, as práticas que deram certo. Claro que existem teorias que são mais ou menos aplicáveis e, quem sabe, algumas nunca conseguiremos aplicar, porém são interessantes no sentido de promover reflexão e *insights* que um dia poderão aprimorar a nossa prática profissional.

Em *Conversas sobre Gestão*, Ério Nascimento apresenta habilmente a relação das teorias de gestão com a prática e vice-versa, mostrando que essa divisão não existe, pois ambas são fundamentais para o desenvolvimento integral da pessoa do gestor. Por sinal, esta é uma característica marcante de Ério. Como professor de MBAs há mais de 20 anos, sempre se preocupa em abordar as teorias por meio de exemplos da vida real das organizações.

E por falar em vida real das organizações, está presente ao longo do livro um olhar atento em relação às pessoas. Afinal de contas, não existe empresa sem pessoas. O desenvolvimento dos gestores deve ir além de conhecimentos teóricos. Deve contemplar também o "ser" e o "fazer". Sendo assim, as chamadas *soft skills*, ou habilidades socioemocionais, tornam-se fundamentais. Relacionamento interpessoal, comunicação eficaz, criatividade e empatia são competências profissionais que vão além do acúmulo de conhecimentos. Elas contemplam o como e quando aplicar esses saberes. Dessa forma, os conceitos e fatos abordados trazem reflexões sobre aspectos comportamentais relevantes e atitudes e habilidades necessárias para uma liderança eficaz.

Ao ser escrito por um excelente professor, o livro é organizado de uma forma altamente didática. Cada capítulo trata de um tema ou ferramenta do universo da gestão empresarial, o que facilita a vida do leitor, pois permite que a leitura seja feita de forma corrida ou em partes, conforme o interesse e a motivação. A linguagem clara e de fácil compreensão faz com que até os conceitos mais complexos se tornem palatáveis, mesmo para os leigos no assunto. A leitura flui naturalmente por meio de uma narrativa recheada de histórias organizacionais vivenciadas pelo autor. Aliás, compartilhar as suas experiências profissionais por meio de Estudo de Casos sempre fez parte da metodologia adotada pelo Mestre Ério nas aulas de MBA. O Estudo de Caso permite a mobilização de conhecimentos práticos e teóricos e leva o leitor a refletir sobre tomadas de decisões importantes que podem surgir ao longo da trajetória profissional. Para estimular tal reflexão, o autor apresenta, ao final de cada capítulo, Casos inspiradores e importantes questionamentos, utilizando a expressão Vamos Conversar...

Quem foi aluno do professor Ério certamente já escutou muito essa fala que se tornou sua marca e que sempre motiva excelentes debates.

Então, caro leitor, Vamos Conversar sobre gestão com o Mestre Ério Nascimento.

Genaro Galli – Diretor de Pós-graduação e Extensão da ESPM Sul.

Apresentação

Este livro nasceu de várias cobranças de alunos, colegas e familiares, que por muito tempo e em diversos momentos falavam que eu tinha muita história para contar e, principalmente, compartilhar. A soma de conhecimentos e experiências oriundas dos ambientes empresariais e inúmeras salas de aula em programas de pós-graduação que frequentei gerou um legado rico a ser aberto àqueles que vivem o mundo real das organizações, com suas imperfeições, seus conflitos, algumas frustrações, muitos acertos, muitas vitórias, ou seja, grandes oportunidades de desenvolvimento pessoal e profissional, entre outras consequências.

Conversas sobre Gestão propõe-se a te colocar em constante reflexão sobre si próprio, no papel que no momento estejas representando, seja como estudante, professor, empreendedor, profissional, executivo, conselheiro ou empresário. Não com a abordagem de autoajuda ou autoavaliação, mas sim referente a situações que normalmente são vividas na atmosfera dos negócios e que certamente foram, estão ou estarão acontecendo com você na sua trajetória profissional.

Por meio de meus posicionamentos pessoais e farto relato de casos realmente acontecidos em empresas de segmentos diversos, os temas *Gestão, Liderança, Dinâmica do Poder, Cultura Organizacional, Estratégia, Carreira, Design Estratégico, Gestão Estratégica em Recursos Humanos, Estrutura Organizacional e Storytteling* são analisados sob a luz de vários *insights* teóricos que absorvi com base na minha graduação e mestrado em Administração, bem como os obtidos por meio da leitura de livros, artigos e atividades de capacitação profissional. Na sequência, minhas narrativas de “acertei/errei/vivenciei” pretendem acionar a mente do leitor para disparar a exibição do filme referente às suas histórias.

"Entrei na empresa como estagiária e, após um ano, fui admitida como auxiliar administrativo na área de vendas. Como me identifiquei com as atividades da área e eventualmente acompanhava os vendedores, passados dois anos, fui promovida a vendedora, respondendo por uma pequena carteira de clientes. Nesse momento, eu me sentia altamente motivada e com muita energia para bater as minhas metas. Bingo, superei metas e a minha carteira de clientes foi ampliada, chegando a contemplar 30% do faturamento total da empresa. Fiquei grande!!! Foram três anos maravilhosos, eu planejava a minha agenda de visitas e roteiros de viagem segundo os meus critérios; sábado pela manhã era o momento que eu me organizava para a semana, principalmente para a reunião de todas as segundas-feiras com o nosso Gerente Regional. Surgiu a necessidade de dividir a área em que atuávamos em duas regiões, o que resultou na minha promoção para Gerente Regional, assumindo o gerenciamento de dez vendedores e a soma das suas metas individuais. Nos primeiros seis meses, tudo funcionou bem, mas no decorrer do tempo, alguns vendedores apresentaram ritmos diferentes, não alcance de metas, má organização na gestão das suas carteiras, brigas com colegas e até mesmo com clientes. Pela primeira vez, vi-me em situação de ser cobrada por algo que eu não estava efetivamente realizando, já que pouco eu ia a campo para vender. Minhas constantes idas aos clientes eram para o nosso fortalecimento institucional. Comecei a entender que o modelo de trabalho que eu desenvolvi e apliquei na empresa, somado ao meu estilo de vida, e que muito me ajudou na promoção para Gerente Regional, não tinha aderência para os vendedores integrantes da minha equipe. Eles tinham outras prioridades para os seus sábados pela manhã.... Confesso que passados dez anos de vida executiva, na verdade eu gostaria de voltar a ser vendedora. Hoje tenho duas filhas na faculdade, estou pagando um apartamento novo em um bairro nobre da cidade, portanto não tenho condições de voltar a ser feliz." (Trecho do capítulo que conversa sobre Liderança).

No corpo dos capítulos, frases vinculadas aos conteúdos apresentados foram colocadas como referências para a sustentação das afirmações do autor, bem como com o objetivo de ampliar a constante reflexão daqueles que dedicarem parte do seu tempo para a leitura deste livro.

"Se você tem algo urgente e muito importante para passar para alguém com o objetivo de que essa pessoa o faça, passe para quem já esteja ocupado, pois o desocupado vai levar muito tempo para se mexer."

IARA NASCIMENTO

Além dos relatos de fatos contados nos parágrafos pertinentes aos temas selecionados para exposição neste livro, todos os capítulos apresentam um *Caso* real, desdobrado em quatro partes: *situação, problema, aprendizagem e conclusão*. Essa estrutura permite ao leitor fácil entendimento do contexto, contemplando a descrição do cenário em que a situação ocorreu, a identificação do problema ou oportunidade, o que foi feito e, portanto, como se transformou em processo de aprendizagem. Esse palco é finalizado com a conclusão sobre o ocorrido e as consequências de desenvolvimento que enriqueceram a trajetória do autor.

Ao final de cada capítulo, o espaço *Vamos Conversar* é apresentado com o objetivo de você se posicionar, relatar, comentar sobre o tema abordado, sendo provocado por meio de perguntas direcionadas para sua realidade, independentemente da dimensão que ela possa ter. Esse espaço também foi criado para atividades de sala de aula em cursos ao nível de graduação e pós-graduação, como instrumento à disposição dos professores para execução de exercícios e debates com os seus alunos. Outra possibilidade, que pratico muito, é a utilização em programas de desenvolvimento de gestores, atuais e futuros, possibilitando estimular o entendimento, aprofundamento e nivelamento de posicionamentos dos participantes em relação às situações reais apontadas nos textos, materializando de forma objetiva e clara temas pertinentes ao campo da gestão de negócios.

VAMOS CONVERSAR?

1. A afirmação de que a expectativa em relação ao papel do Gestor contempla Pessoas, Resultados e Mudança está completa? Você adicionaria mais uma dimensão? Justifique.

....

....

....

....

....

2. Ao refletir sobre a oxigenação no processo de gestão de uma empresa, a profissionalização passa apenas pela troca de nomes? Que outros pontos devem ser analisados?

....

....

....

....

....

Anotações:

....

....

....

....

....

....

Importante salientar que para os temas *Estrutura Organizacional, Design Estratégico e Storytteling,* pessoas muito especiais para mim contribuíram com a redação destes: *César Nivinscki,* meu sócio na PRISMA Consultoria de Resultados, *Manoela Nascimento,* uma das nossas filhas e consultora na PRISMA Consultoria de Resultados, e *João de Los Santos,* meu mentor técnico para escrever este livro. Os seus perfis são apresentados nos capítulos correspondentes aos seus temas.

Finalizando, alerto você para o fato de que a partir do primeiro capítulo, *Gestão: A Sua Importância para a Sobrevivência das Empresas,* a ordem de leitura fica à sua escolha. Estaremos *Conversando sobre Gestão* como se estivéssemos ao lado da minha churrasqueira assando e degustando algumas carnes especiais, acompanhados de um bom vinho, boa cerveja ou refrigerante, o que você, meu convidado, preferir. A sequência da nossa conversa não será o mais importante, mas sim os nossos entendimentos das nossas histórias empresariais e projeções para os nossos futuros desafios.

VAMOS CONVERSAR SOBRE GESTÃO?

Agradecimentos

Este é um momento em que vários fatos, situações, histórias, filmes passam na minha mente, provocando a reflexão sobre quantas pessoas efetivamente me influenciaram e inspiraram para que eu, não apenas alocasse parcela importante do meu tempo para escrever este livro, mas principalmente abrisse parte da minha janela, escancarando posicionamentos, acertos e erros de um profissional normal, que na sua caminhada passou por situações comuns a outros executivos, mas com a particularidade dos meus cenários, roteiros, atores e aprendizados.

Ao iniciar essa jornada, ficou claro que não foi uma pessoa ou um pequeno grupo de pessoas o responsável, mas sim todas as pessoas que na minha trajetória profissional colocaram em mim as suas digitais, tocando-me algumas vezes por meio dos seus elogios e agradecimentos ou suas críticas e insatisfações.

A todas elas os meus sinceros agradecimentos.

Em especial, a minha família, representada pela Emília, Fernanda, Manoela, Marina e Paulo Timm, esposa, filhas e genro, minhas quatro mulheres, como costumo falar, e meu parceiro, vocês sempre serão a minha principal fonte de inspiração.

César Nivinscki, João de Los Santos e Manoela Nascimento, por aceitarem participar deste desafio, com o mínimo espaço para dizerem não, produzindo textos enriquecedores que foram naturalmente adicionados a este livro. Ao João, o destaque por ter sido o meu mentor técnico, orientando-me, corrigindo e incentivando no processo de escrita deste livro.

À Escola Superior de Propaganda e Marketing – ESPM, por conceder por 18 anos o seu espaço para o meu exercício da docência em programas de pós-graduação, certamente uma das minhas realizações profissionais, misturando-se ao meu nome: Ério Nascimento da ESPM....

À Associação Brasileira de Recursos Humanos – ABRH, entidade da qual participo voluntariamente por mais de 20 anos, conhecendo pessoas e empresas, aprendendo, ensinando e contribuindo para a causa do desenvolvimento humano nas organizações. Costumo afirmar que tenho uma dívida a pagar referente aos ensinamentos que recebi dos colegas no passado: quando mais jovem, incomodava-os com perguntas e minhas inquietudes. Eu não imaginava que seria tão fácil e prazeroso pagar essa conta....

À PRISMA Resultados, empresa de consultoria e treinamento em que sou sócio-fundador. Por meio dos vários projetos em empresas distribuídas pelo nosso Brasil, obtive muitos conhecimentos e oportunidades de troca de experiências com os nossos clientes.

Às empresas em que formalmente atuei, FDRH, Siderúrgica Riograndense – Grupo Gerdau, Kepler Weber, Hospital Mãe de Deus, P2N Consultoria, RGE – Rio Grande Energia, SICREDI e Unimed Porto Alegre, por darem a oportunidade de exercer as minhas atividades profissionais.

A um dos meus amigos, certamente o mais amigo, irmão de escolha, Denis Abrahão, constante incentivador para a busca e superação de obstáculos e realização dos nossos sonhos.

Finalizando, minha gratidão a uma pessoa que foi muito especial para que eu iniciasse a escrita de Conversas sobre Gestão: Álvaro Dilli, Diretor de Recursos Humanos e Sustentabilidade da SLC Agrícola S/A. Em uma reunião na sua sala, conversávamos sobre situações referentes a gestão de empresas, como sempre eu contando uma das minhas histórias, quando ele me interrompeu e falou: "Tu tens muita experiência para passar para nós, mas não escreves um livro por seres um egoísta. Tu precisas identificar o teu real propósito".

Caro Álvaro, muito obrigado pela tua provocação, certamente lembrarás que eu me emocionei com a tua fala, mas o que não sabes é que naquele mesmo dia comecei a escrever este livro.

Sumário

1.

Gestão: A Sua Importância para a Sobrevivência das Empresas

Em mais de 30 anos convivendo no mundo das organizações, envolvendo empresas privadas, públicas, entidades associativas sem fins lucrativos, entre outros formatos de estruturação de negócios, sinto-me na condição de afirmar que os seus respectivos processos de gestão são fundamentais para o desenvolvimento ou queda dessas instituições. Mesmo que consigam se capitalizar nos seus primeiros passos, algumas tropeçam logo à frente em decisões equivocadas na direção de caminhos que as levam a situações críticas de sobrevivência, conduzindo-as até mesmo para o seu desaparecimento do mercado.

De forma mais ampla, independentemente se essas organizações alcançam ou não os resultados esperados, a maneira como elas decidem, executam e entregam os seus produtos e serviços direcionam os seus respectivos impactos na sociedade em que estão inseridas, não se concentrando apenas nos chamados clientes finais, mas também contemplando todos os agentes que com ela interagem.

Podemos encontrar em um determinado ambiente empresarial os melhores recursos para que a empresa se posicione no seu mercado de atuação e realize os seus negócios, comparativamente aos seus concorrentes diretos. No entanto, se o planejamento, a organização, a operacionalização e a entrega de bens e serviços aos seus clientes forem ineficientes, com atrasos, com defeitos e custos adicionais, praticamente poderemos considerar que essa empresa está sendo mal administrada, não está utilizando de forma eficiente e eficaz os recursos a ela disponibilizados.

Defino como recursos dinheiro, tempo, tecnologia, área física, computadores, máquinas, informações, entre outros meios que estão à disposição para a empresa decidir como competirá no seu mercado alvo, bem como garantir o seu desenvolvimento. Independentemente do seu porte ou segmento, uma pessoa ou grupo de pessoas sempre toma a iniciativa de estruturar os recursos disponíveis na direção para que o negócio aconteça, passando por percepções, entendimentos, análises, decisões e ações.

Procuro despertar para o entendimento de que empresa é uma entidade que se torna viva e dinâmica como consequência dos interesses, emoções, decisões e movimentos de pessoas que utilizam os referidos recursos para a realização das suas atividades. Estando elas em posições operacionais ou estratégicas, todas em seus respectivos postos de trabalho têm alguma autoridade para decidir e realizar atividades.

"Em tempos de relações líquidas, a gestão deve ser fluida."

ALESSANDRA MARTINEWSKI

Exemplificando, a recepcionista de uma empresa ao receber visitantes em um primeiro contato direto com a organização estará analisando as informações e desejos dessas pessoas, bem como decidindo como elas serão encaminhadas para os setores e pessoas que procuram. Essa recepcionista assume, nesse momento, a identidade da empresa frente a prováveis clientes, atendendo-os de forma cordial e eficiente, ou não. Na hipótese de que ela tenha os melhores equipamentos, um ambiente confortável e extremamente favorável para realizar as suas atividades, mas não tenha tido treinamento adequado, orientações importantes que simbolizem como os diretores da empresa esperam que seus clientes sejam atendidos, além da inexistência de estímulos que a motivem a realizar uma acolhida encantadora, certamente o processo de recepção dessa empresa estará ineficiente, prejudicando a imagem da instituição nos seus contatos iniciais, talvez estendendo-se à não efetivação de um negócio.

No outro lado da rua, uma empresa concorrente e com menos recursos tem o seu processo de recepção aos visitantes bem mais acolhedor e respeitoso. Mesmo que não tenha um ambiente tão favorável como o da concorrente vizinha, consegue ser mais eficaz na percepção de quem àquela empresa chega, exercendo um contato inicial importante para o fortalecimento da sua imagem e a realização de negócios.

A complexidade dessa situação destaca-se quando, com a visão mais analítica, percebemos que a recepcionista assume o papel de autoridade formal da empresa frente ao visitante tão importante, que é o Cliente. Ela atua utilizando os conhecimentos, orientações e instrumentos que lhe foram disponibilizados, agregando as suas características pessoais, uma vez que ela interpreta informações, analisa e toma decisões, agindo com a autoridade do seu cargo frente a "quem paga toda a conta". Considerando que a normalidade na atmosfera organizacional é de várias situações acontecerem simultaneamente e, certamente, muitas delas com maior complexidade que a de recepcionar visitantes em uma empresa. Dar vida aos recursos disponibilizados de forma organizada é um desafio de gestão constante e crescente, agravando-se na medida em que a empresa cresce e assume um papel de maior visibilidade e importância no meio em que atua. Utilizo constantemente em minhas palestras, aulas e reuniões em empresas em que participo como consultor, professor ou conselheiro a afirmação de que *"empresa não é dinheiro, mesa, cadeira, computador, software, máquinas, prédios, mas sim Gente dando vida a todos esses recursos para a obtenção de resultados"*.

Observem que não estou colocando os profissionais da empresa como recursos, uma vez que entendo que o grande diferencial vem da convicção de que pessoas não são mais um dos recursos, mas sim a inteligência e motivação que dá vida a essas condições. É por meio da intervenção humana, de forma criativa, engajada e organizada, que as empresas se materializam frente aos seus fornecedores, clientes, investidores e a sociedade em geral. O empreendedor ou profissional que está à frente de uma determinada empresa, em posição considerada como de autoridade máxima na organização, por meio dos seus interesses, conhecimentos, experiências e das suas características pessoais, pode fazer uma grande diferença no desempenho e desenvolvimento dessa instituição, mesmo que tenha à sua disposição recursos inferiores aos dos seus concorrentes, suprindo esse *gap* com a forma que dá vida às condições que a ele são disponibilizadas.

Normalmente, a presença do fundador na liderança da gestão de uma empresa transmite a todos os seus integrantes o jeito de como as atividades devem acontecer. Seus valores, crenças, convicções e expectativas, bem como suas características pessoais, norteiam o que é certo ou errado, ao que as equipes devem dar mais atenção ou não. Costumo perguntar aos meus alunos: *uma pessoa, apenas uma pessoa, pode fazer a diferença no desempenho de uma organização?*

Costumo responder que sim, principalmente se essa pessoa está em posição que lhe ofereça a autoridade para participar, influenciar e decidir. Não somente em empresas menores essa situação se consolida, mas podemos citar gestores que, ao imprimirem o seu ritmo e sonhos, mobilizaram grandes estruturas para a superação de resultados, foram considerados gurus, referências no campo da administração de grandes e complexas organizações. Passo a citar alguns: Jack Welch – General Eletric, Jorge Gerdau Johannpeter – Grupo Gerdau, Sam Walton – Walmart, Silvio Santos – Grupo Silvio Santos, Steve Jobs – Apple, entre outros.

As denominações utilizadas no ambiente organizacional para simbolizar as posições que essas pessoas ocupam são variadas, mas podemos citar as mais utilizadas: CEO, Diretor, Executivo, Gestor, Líder, entre outros títulos. Neste capítulo inicial, adoto o nome de Gestor, qualificando-o como o responsável por estar à frente dos demais participantes da empresa, sejam acionistas ou profissionais, com o objetivo de organizar atividades e decisões que possibilitem em longo prazo perpetuar a existência do empreendimento. Podemos afirmar que uma vez que as organizações existem para atingir objetivos, alguém precisa definir esses objetivos e as possíveis formas de alcançá-los, não deixando de enfatizar que esse mesmo gestor deve garantir que os processos sejam executados conforme o planejado, de forma racional e nas condições esperadas, ou até mesmo superiores, pelos seus clientes e acionistas.

Entretanto, com a evolução das organizações empresariais, impactadas pela ampliação na complexidade dos mercados, dos seus espectros de competitividade, da socialização e exponencial desenvolvimento das tecnologias, a figura única de Gestor já não se sustenta nos tempos atuais, abrindo importantes espaços para o entendimento de que a gestão acontece por meio da participação de vários outros agentes que compõem a estrutura de uma empresa, independentemente do nível hierárquico em que eles se encontrem. Esse processo de disseminação de práticas e condutas desejadas aos funcionários de uma empresa tem no processo de liderança o principal instrumento de multiplicação e sustentação dos desejos e sonhos daquele Gestor citado anteriormente.

Saliento a existência de muitas organizações com processos, sistemas e instrumentos muito bem definidos para fazer o que é certo. Mas quando vamos para a linha de frente, onde o jogo realmente acontece, sempre longe do "andar de cima", encontramos formas diferentes que as pessoas acabam criando e adotando como certas, não por maldade ou falta de comprometimento, mas sim porque identificam oportunidades de melhorias, que no papel de gestor dos seus espaços de trabalho se veem competentes para implantá-las. De fato, essas melhorias, na maioria das vezes, são instaladas sem a consciência de quem as planejou e decidiu formalmente pela implantação, identificando-as como a melhor forma de realizar as atividades.

Um dos grandes desafios dos gestores atuais é criar e sustentar ambientes com maior flexibilidade para a atuação das equipes internas, com maior autonomia para apontarem as formas mais adequadas para as atividades acontecerem, com a possibilidade de se arriscarem em questionar o *status quo* organizacional, superar hierarquias formais e rígidas que algumas empresas apresentam. Tudo isso em prol da busca de melhorias que facilitem, racionalizem e até mesmo entreguem aos seus clientes produtos, serviços e experiências que superem as suas expectativas, gerando resultados positivos que contemplem os agentes participantes dessa corrente.

Não devemos subestimar o enorme potencial que os indivíduos e as equipes à frente das operações da empresa têm, que eles realmente conhecem a complexidade, as dificuldades e as oportunidades inerentes às atividades que realizam. Ainda que muitos gestores acreditem que regras, processos e sistemas que elaboraram ou aprovaram sejam eficientes e eficazes, o fato é que são as equipes que, ao utilizá-los na operação dos diversos processos pertencentes à vida das empresas, sentem as dificuldades e se defrontam instantaneamente com *feedbacks* importantes. Ao praticar os processos, conseguem ter a realidade dos fatos sob o seu domínio, aferindo em primeira mão as reações dos seus clientes e demais envolvidos. Sabem imediatamente sobre quais situações em que as regras vigentes não são favoráveis aos desejos da própria empresa.

Como passo inicial deste livro, saliento a importância da existência de uma pessoa com a responsabilidade e autoridade máxima para construir o jeito que a sua empresa terá. Obviamente, ela não poderá estar à frente de todas as atividades que a organização realiza, mas por meio dos seus valores pessoais, suas convicções, suas expectativas e interesses e, principalmente, das suas atitudes e comportamentos, deverá guiar de forma constante o desenvolvimento de outros gestores internos que, frente às várias oportunidades de tornar a empresa viva, o representarão de forma eficaz.

Outro ponto importante a destacar refere-se ao ritmo que a organização dará para o seu processo de evolução, com que intensidade ela se permitirá mudar, seja por demandas dos seus acionistas, por imposição do mercado ou da própria sociedade. Falávamos inicialmente sobre a importância de o gestor administrar bem os recursos a ele disponibilizados, mas devemos colocar mais um ingrediente relevante: as oportunidades que o mercado e sociedade colocam constantemente à disposição das empresas. Estar atento a movimentos sociais, tecnológicos e governamentais, entendendo que esses fatores influenciam no desempenho dos negócios, tanto positiva ou negativamente, e demandam um perfil executivo direcionado para observar constantemente os movimentos externos. Mesmo que não tenha o poder para dominá-los, deve sim desenvolver habilidades e comportamento de radar que permitam avaliar previamente impactos importantes no setor em que a empresa atua.

"Gestão não é fazer um grande gesto. É empreender de maneira simples, objetiva, planejada e organizada, de modo a motivar o grupo na utilização dos recursos."

DENIS ABRÃO

Nos últimos anos, o fator tecnologia vem ocasionando mudanças em dimensões até então não imagináveis no mundo dos negócios. Se nos assombramos com a possibilidade de transmitir imagens de documentos para uma grande parte de regiões do mundo, quando da chegada do aparelho de fac-símile em escala de produção nos anos 70, agora, ao final dos primeiros 20 anos do século XXI, estamos vivendo uma revolução sem precedentes, com enormes ganhos para clientes, empresas e a sociedade em geral: a possibilidade de desenvolvimento de produtos e serviços customizados, mas com abrangência mundial; ganhos de produtividade pela racionalização e forte redução no tempo de produção, processamento e entrega de produtos e serviços a distância; acesso a serviços no dia, horário que quisermos e no conforto das nossas casas, quando por exemplo necessitamos reservar um voo, apartamento em hotel e alugar um carro simultaneamente; realizar cursos de aperfeiçoamento em universidades reconhecidas internacionalmente, com opções em várias áreas de conhecimento, sem a necessidade de sair de casa, sendo estes validados pela sociedade e mercado.

O grande desafio para os gestores nos tempos atuais é equilibrar os seus desenvolvimentos profissionais contemplando três dimensões muito importantes no ambiente empresarial: pessoas, resultados e mudança.

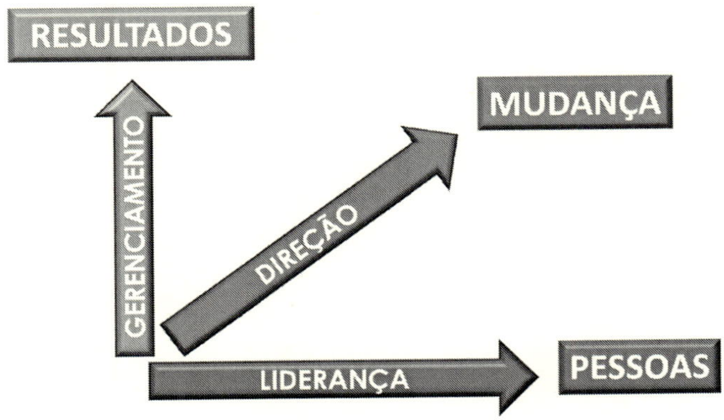

A primeira contempla a Liderança, atuando como principal vetor impulsionador do seu processo de gestão, procurando constantemente otimizar a qualificação, mobilização e comprometimento dos demais gestores e equipes, mesmo que em muitos momentos as incertezas e resultados não desejados estejam sobre a mesa para a tomada de decisão. Habilidades de comunicação, gestão de conflitos, integração de perfis diferentes, tomada de decisão sob pressão e muita empatia, ao meu ver, já são exigências importantes para os gestores na atualidade.

Na sequência, foco e diligência para alcançar Resultados em ambiente competitivo, sendo que em alguns mercados até mesmo com pouco conhecimento de quem são os seus concorrentes. Produtos desenvolvidos e produzidos em outras regiões do mundo chegam em tempo e preços similares ou até mais baixo do que conseguimos realizar em nosso país. A principal referência neste momento é a China, colocando do outro lado do mundo produtos em vários segmentos, praticamente afetando a grande maioria das nossas indústrias e varejo. A necessidade de revisão de como estruturamos os nossos negócios, de que forma estamos acessando e internalizando tecnologias e como estamos entregando os nossos produtos e serviços passou a ter maior relevância na agenda do gestor. O resultado, seja ele econômico ou de imagem da empresa, é uma consequência de quando e como reagimos a essas situações. O conhecimento sobre como os nossos custos, margens de contribuição e consequentemente preços se configuram deverá ser uma exigência de conhecimento para todos os gestores de uma empresa, seja da área de Gestão de Pessoas, *Marketing*, Assessoria Jurídica ou TI. Serão pequenas as diferenças nesses itens que viabilizarão a permanência da competitividade das empresas, portanto todos terão de ser empresários nas suas respectivas áreas de atuação.

O terceiro fator refere-se à Mudança, ter no seu portfólio *"Sou Gestor"* o perfil comportamental de inquietude em relação ao *status quo* organizacional. Estar alerta para a necessidade de evoluir na forma em que está organizado para competir. Apegar-se a vínculos do passado que trouxeram a empresa até este momento poderá ser uma decisão muito perigosa para o futuro da instituição. Ter a curiosidade sobre alternativas de organizar as suas estruturas organizacionais e processos, sejam de produção, administrativos ou de entregas, passa a ser obrigação para a sobrevivência e manutenção de resultados. Como comentei anteriormente, o fator tecnológico e o seu impacto nos negócios ainda têm muito espaço para nos surpreender.

> "Seja louco por resolver problemas, pois empreender é enxergar a solução de um problema que ninguém enxergou (...) Não se permita ficar na zona de conforto."
>
> *ANA MINUTO.*

Nos capítulos seguintes, abordaremos alguns pontos referenciais para o portfólio "Ser Gestor", detalhando temas e situações pertinentes à vida daqueles que optaram, ou foram colocados, ou ainda serão convidados a assumir posições de liderança em empresas. Na minha concepção, entendo que só temos plena consciência da complexidade desse desafio quando efetivamente exercemos as situações que veremos à frente, independentemente se você tem a formação acadêmica em administração de empresas, já que, na realidade, atuar como gestor está aberto para qualquer pessoa que assume o papel e responsabilidade de conduzir um negócio ou área interna de uma empresa. Importante salientar que este livro não esgotará todas as situações inerentes a esse papel, já que, certamente, uma biblioteca teria a real capacidade de abranger todas as facetas pertinentes a essa vida de Gestor.

CASO 1:

SITUAÇÃO:

Uma empresa com aproximadamente 3.000 funcionários atravessava um momento crítico em relação aos seus resultados econômicos e financeiros. A situação era tão difícil que chegou ao ponto de transparecer para dentro das suas áreas operacionais, para fornecedores e clientes uma descrença na continuidade do negócio, já que as perspectivas não sinalizavam a identificação e rápida implantação de melhorias que urgentemente faziam-se necessárias para inverter a curva negativa e acentuada de queda dos resultados. Essa empresa já somava mais de 40 anos de gestão familiar, estando naquele momento com a segunda geração compondo a sua diretoria.

Como uma das ações estratégicas para sua recuperação, foi contratada uma consultoria reconhecida como uma das mais importantes no país para a realização de um diagnóstico e proposição das fundamentais ações para salvamento do negócio. Entre as várias propostas apresentadas pela consultoria, uma envolveu forte alteração no grupo de diretores da empresa, por meio da saída dos familiares dos cargos diretivos que ocupavam já há algum tempo, deslocando-os para um Conselho de Administração que seria criado.

A alegação era de que a empresa precisava ser profissionalizada. Portanto, as diretorias deveriam ser ocupadas por executivos profissionais, sem vínculos diretos com as famílias controladoras do negócio. Essa proposição foi imediatamente aprovada e consequentemente implantada. Passado um ano, o Conselho de Administração, composto pelos diretores anteriores, identificou que os resultados não tinham melhorado, bem como a forma como a empresa estava sendo dirigida, comparativamente com o período em que diretores familiares tinham essa responsabilidade.

PROBLEMA:

Quando houve a implantação da chamada diretoria profissional, os novos diretores foram escolhidos (dentro ou com base) da estrutura organizacional vigente à época na empresa, ou seja, por meio de promoções internas. Profissionais não familiares que estavam há dez, 15 anos na empresa e subordinados diretamente aos familiares que ocupavam os respectivos cargos executivos foram rapidamente colocados nas posições executivas e começaram a "tocar" a empresa. Mesmo que tenha ocorrido a "troca de sobrenomes", a forma de administrar os recursos disponibilizados não mudou muito, já que os novos na verdade tinham aprendido a trabalhar e construíram suas experiências e suas convicções com os anteriores, impactando em poucas mudanças fundamentais de que a empresa urgentemente necessitava.

APRENDIZADO:

Quando esse segundo diagnóstico ficou claro para os controladores, agora integrantes do Conselho de Administração, houve a busca de profissionais de fora da empresa e cidade para assumirem as posições Diretivas, além de algumas em nível gerencial, trazendo visões, experiências e convicções diferentes do status quo até então internalizado no processo de gestão da empresa. Esses novos executivos agiram com mais rapidez e profundidade na implantação das mudanças, consideradas radicais naquele momento, em razão da piora da situação de sobrevivência do negócio.

Posso afirmar que os recursos disponibilizados aos novos executivos eram menores e mais escassos que os recebidos pelos primeiros diretores profissionais, mas esse segundo grupo conseguiu inverter a curva de queda, levando a empresa para um novo ciclo de crescimento. É importante salientar que decisões fortes foram implantadas, contemplando um considerável número de demissões e troca de fornecedores até então inquestionáveis em relação aos seus preços e qualidade das suas entregas. Estratégias de vendas e marketing foram redirecionadas, a linha de produtos com pouquíssima evolução tecnológica foi modernizada, entre outras ações que em muito contribuíram para a recuperação da empresa.

Nesse caso, a contribuição do diretor executivo, cargo máximo na estrutura profissional da empresa, foi altamente relevante, já que esse profissional liderou a contratação dos novos profissionais, a organização e o funcionamento da nova estrutura organizacional, sem grandes "bolas de ferro" em relação a contratos e relacionamentos anteriormente construídos e validados durante a história da empresa. Mas sem dúvida, o seu maior desafio foi administrar os conflitos com os sócios e a sociedade, já que o impacto nesses fóruns demandou diferenciadas habilidades de empatia e gestão de conflitos de interesse.

CONCLUSÃO:

Em situações de maior criticidade, seja por motivos internos ou externos, é fundamental que as lideranças superiores das empresas se conscientizem de que estão próximos dos seus limites para solucionar os problemas que já estão corroendo os seus negócios. Não se trata de simplificarmos o diagnóstico, afirmando que os atuais executivos se tornaram incompetentes, mas perceber que pela intensa dinâmica das mudanças no mundo dos negócios, acirrando a concorrência e dificultando a manutenção de espaços no mercado, faz-se necessária a adoção de canais de oxigenação na gestão das empresas, seja por meio da inclusão de novos profissionais ou da participação de consultores externos em algumas situações. Ter a oportunidade de enxergar a sua empresa por ângulos diferentes, como se ela passasse por meio de um prisma e este produzisse imagens diversas, mas pertinentes ao seu negócio, possibilita a ampliação do seu campo de decisão alcançando formas e resultados até então não vistos como possíveis no seu escopo de gestão.

VAMOS CONVERSAR?

1. A afirmação de que a expectativa em relação ao papel do Gestor contempla Pessoas, Resultados e Mudança está completa? Você adicionaria mais uma dimensão? Justifique.

....

....

....

....

....

2. Ao refletir sobre a oxigenação no processo de gestão de uma empresa, a profissionalização passa apenas pela troca de nomes? Que outros pontos devem ser analisados?

....

....

....

....

....

Anotações:

....

....

....

....

....

....

2.

Liderança, Líder, Liderando....

No capítulo anterior, conversamos sobre a importância do processo de gestão para que as empresas realizem os seus propósitos, seus objetivos e efetivamente contribuam com o seu crescimento para o desenvolvimento dos seus colaboradores, demais públicos de relacionamento e sociedade.

Neste capítulo, desenvolverei o tema Liderança como um processo positivo envolvendo os recursos pertinentes ao ambiente empresarial, mas com o adicional do fator humano como principal diferencial no comportamento das empresas.

Há pessoas que adquirem relevância em momentos cruciais na história das empresas, seja negociando, decidindo, arriscando ou mesmo por meio de um comportamento visionário; elas identificam oportunidades que catapultam o crescimento das organizações. Têm comportamentos diferenciados, enxergando oportunidades onde outros veem grandes dificuldades, munidas das mesmas informações e ferramentas. Profissionais reconhecidos como excelentes gestores, que mesmo tendo acesso a recursos limitados, conseguem alcançar resultados superiores.

Dentre os gestores, há um grupo que se destaca: os líderes. Mais do que simplesmente executar suas estratégias e tarefas, são dotados de habilidade de planejar, organizar e desenvolver as empresas com a efetiva participação e engajamento de outras pessoas. Por meio de seu exemplo, estimulam o desenvolvimento dos indivíduos que participam da mesma jornada, obtendo o comprometimento individual e das equipes.

Inicialmente, definimos a liderança como um processo natural nas relações humanas no qual algumas pessoas conseguem por meio dos seus atos, falas, comportamentos e movimentos influenciar outras pessoas para aceitar, participar e executar com motivação e comprometimento o seu sonho, seu desejo, sua ideia e decisões. Porém, entendo que essa definição inicial ainda não evidencia um processo de liderança eficaz, uma vez que considera apenas o que o Líder quer, utilizando este das suas habilidades e conhecimentos para convencer e obter o comprometimento dos outros para sua causa, mesmo que o que está sendo proposto aos outros seja positivo e esperado por todos.

Evoluindo nessa construção do conceito de liderança, infiro ser fundamental que seja encarada como um processo dinâmico, realizado de forma com que outras pessoas envolvidas possam colocar suas contribuições, mas sem a criação de um ambiente de disputa de poder e competição danosa aos participantes.

Os liderados têm de perceber um espaço aberto para sugerir projeções às propostas do líder, até mesmo com a exposição de dúvidas e posicionamentos contrários. Essa dinâmica tem no líder o principal beneficiário, uma vez que o auxilia no redirecionamento das suas convicções iniciais, reconstruindo o seu contexto original e até mesmo as suas próprias expectativas. Dar a oportunidade para a equipe participar na construção de um projeto ou decisão certamente oportuniza maior engajamento de todos na implantação e execução, com resultados efetivos para o líder e liderados.

> "Líderes mais participativos, envolventes, educadores e sensíveis à complexidade humana devem conduzir o mundo atual por meio dos novos desafios, na verdadeira busca de benefícios abrangentes e de interesse comum."
>
> *ANTONIO CELSO MENDES WEBER*

Conforme demonstrado na figura a seguir, encontramos no ambiente de trabalho diferentes tipos de profissionais: alguns mais maduros, outros menos; alguns que pensam em conformidade com os demais ou grupos com ritmos e formas de agir divergentes. Porém, geralmente eles possuem os mesmos desejos. Por enxergarem o mundo ao seu redor de forma discrepante, fazem escolhas que entendem serem as certas. No entanto, ao analisarmos de forma integral, sem preliminarmente realizarmos as nossas avaliações sobre quais estão certos, percebemos que em muitos ambientes organizacionais, muita energia está sendo desperdiçada, com baixíssimo alinhamento.

> "O processo participativo na construção de um plano ou decisão é tão importante quanto a decisão final, porque oportuniza aos executantes saber o que as lideranças realmente desejam e o porquê, facilitando ajustes durante o período de execução."
>
> *CÉSAR NIVINSCKI.*

Nesse momento, o líder deve ter o cuidado para não cair na armadilha de acreditar ter obtido total entendimento da equipe em relação à caminhada que está apenas iniciando. Afastar-se da equipe e esperar na linha de chegada a realização dos respectivos resultados, como se estes acontecessem naturalmente, é um risco muito grande, que pode possibilitar a ocorrência de problemas que produzirão frustrações a todos os participantes.

Será durante a jornada de execução do sonho que o processo de liderança mais se tornará essencial, uma vez que com um bom grau de certeza afirmo: conflitos de ideias e posicionamentos acontecerão, prazos e outros recursos se tornarão limitados, alguns momentos de desmotivação e distração dos participantes surgirão, bem como frustrações oriundas de situações não previstas que impactarão negativamente na equipe.

A reorganização e o redirecionamento dos posicionamentos divergentes, colocando-os em um mesmo duto e com o mesmo sentido de direção, são uma das principais contribuições de um processo de liderança eficaz. Mesmo que algumas pessoas participem em níveis desiguais, mas todos estarão alinhados para o tão almejado objetivo.

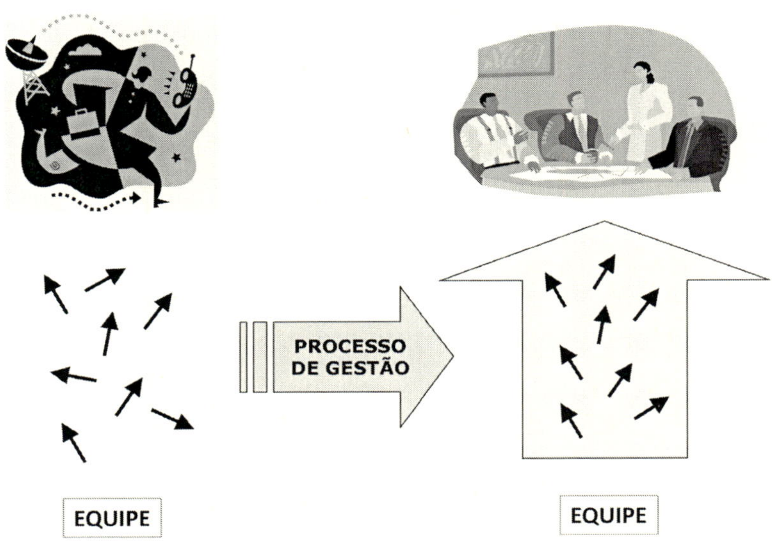

Por mais que uma empresa seja planejada e organizada, possuindo atividades racionalmente definidas e integradas, com regras claras e objetivas a serem aplicadas e com as equipes intensamente treinadas e aderentes ao seu estilo de gestão, a sua realidade constantemente apresentará certa dose de caos. No seu cotidiano, adaptações ou até mesmo alterações no seu funcionamento acontecem, já que é praticamente impossível garantir que todas as variáveis que influenciam as suas demandas, o seu comportamento e consequentemente o seu desempenho estejam sob total controle da gestão.

A grande diferença entre o Processo de Gestão e o Processo de Liderança é que este, por contemplar de forma intensa a participação e o comprometimento das pessoas, exige maior permeabilidade, flexibilidade e adaptabilidade do gestor aos movimentos não retilíneos na gestão das empresas, provocados pelas diferenças pessoais.

A eficácia do processo de liderança tem total dependência da escolha do estilo a ser adotado pelo líder, sendo que essa decisão deve considerar quatro variáveis importantes:

a. Ambiente Interno: refere-se à cultura organizacional instalada na empresa, identificada pelos valores e crenças vigentes que norteiam decisões e avaliações em relação ao que é certo ou errado, constrói convicções que se consagram na empresa e se transformam em dogmas, entre outros fatores. Quando o líder não compreende ou não considera esses fatores, normalmente se coloca em situação de risco por demonstrar comportamento que vai de encontro a fatores validados no funcionamento da empresa, com grande potencial para gerar conflitos em todos os níveis hierárquicos. De uma forma planejada e sustentada pela liderança superior, pode o líder provocar questionamentos e alterações nesses fatores, principalmente em momentos importantes de mudança organizacional que a empresa esteja implantando.

b. Características do Líder: contempla as caraterísticas individuais influenciadas pelos seus traços de personalidade, sua trajetória pessoal e profissional, bem como suas expectativas. Muitos "gurus" do mundo dos negócios constantemente afirmam que profissionais que estejam ou queiram assumir posições de liderança devem ter um amplo conjunto de competências desenvolvidas, principalmente comportamentais. No entanto, sabemos que o ser humano é dotado de potencialidades e limitações. O executivo perfeito é uma utopia que tem causado mais danos que benefícios, uma vez que impõe a essas pessoas a constante busca de mudanças nas suas atitudes, mesmo afetando negativamente as suas identidades pessoais. O importante é o profissional buscar o seu autoconhecimento, com o apoio de profissionais especializados e instrumentos de *assessment* validados, identificando como reage em situações inerentes ao exercício da liderança: frustrações, vitórias, conflitos, decepções, erros, acertos, entre outras. Ao conhecer de forma mais consistente sua forma de reagir na ocorrência dessas situações, a chave mestra estará em saber gerenciar suas emoções e principalmente suas limitações, minimizando os impactos negativos que certamente refletirão no seu ambiente de trabalho e carreira.

c. Perfis dos Liderados: foca as características individuais e da equipe, os acordos de convivência, os níveis de maturidade dos integrantes da equipe, suas expectativas e principalmente suas potencialidades e limitações. O processo, nesse caso, é semelhante ao do item anterior. Porém, é o olhar sobre todos os integrantes da equipe, oportunizando ao líder conhecer melhor suas reações, bem como identificar no grupo quem oferece melhores condições para "tocar" determinados projetos. É importante salientar que a competência técnica para realizar as tarefas é um pré-requisito. A ênfase maior é em relação às características comportamentais dos liderados. No momento que identificamos nos integrantes da equipe o que faz brilhar os seus olhos ou o que os coloca em situação de medo e insegurança, conseguimos ser mais assertivos na escolha das pessoas certas para os lugares e projetos certos.

d. Criticidade da Situação: destaca a relevância da situação quanto ao impacto na equipe, na empresa ou externamente a ela. Por exemplo, o prazo enxuto para a realização da atividade e principalmente a maturidade do liderado e dos liderados em relação à situação apresentada. Se um liderado ou equipe possui nível alto de conhecimento em relação à situação crítica apresentada, somando-se com experiências já aplicadas em momentos semelhantes durante a sua caminhada profissional, sugere-se ao líder adotar o estilo de delegar a atividade de análise e identificação de solução ao problema apresentado. Importante considerar o nível de compreensão e a aderência à cultura organizacional vigente. Com esses requisitos, o profissional ou equipe será considerado com maturidade suficiente para enfrentar a complexidade que a situação apresenta. No entanto, se o liderado ou equipe apresenta alto conhecimento sobre a situação apresentada, mas é a primeira vez que se vê frente a ela em ambiente empresarial, somando-se o baixo domínio sobre as características culturais da empresa, certamente o líder deve assumir a liderança do processo, já que a baixa maturidade, caracterizada por pouca capacidade de entrega dos liderados em relação à complexidade superior da tarefa apresentada, poderá não gerar os resultados esperados, além de intensificar conflitos e problemas de relacionamento interpessoal.

De um modo geral, essas quatro variáveis nortearão a maneira como as lideranças da empresa deverão comportar-se, com o objetivo de exercer influência positiva nas suas relações internas e externas.

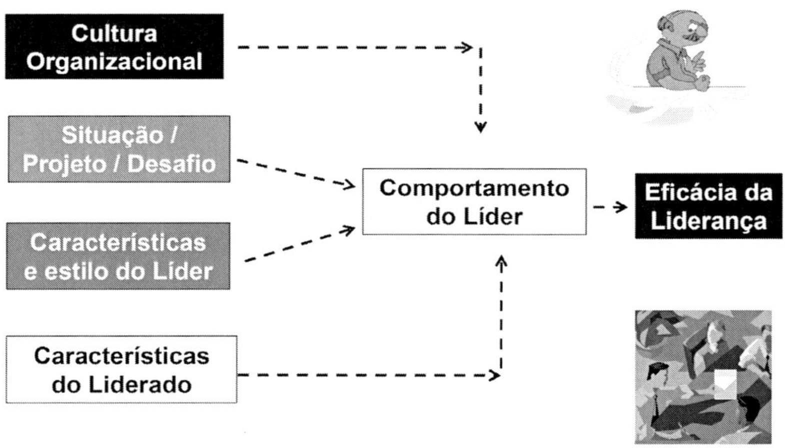

É o ambiente organizacional que define o que pode e o que não pode ser feito, o que será reconhecido como positivo ou negativo, bem como o modo como as decisões acontecem. Porém, muitas vezes profissionais recém-promovidos à posição de gestor subestimam a força dos fatores culturais, comportando-se de forma diferente do desejado, gerando rejeição de colegas e diretores. Independentemente de sua capacitação técnica e assertividade, tais posicionamentos acabam prejudicando sua *performance*. Outra situação que se repete em várias empresas é a chegada de um novo gestor, selecionado no mercado. Entrando na nova empresa com alta motivação, mas com baixo conhecimento sobre os traços culturais da organização.

Configura-se o que eu chamo de uma "mistura explosiva", ou seja, em razão da sua alta motivação por conquistar um novo desafio e a forte experiência adquirida em outras empresas, tem a iniciativa de tomar decisões baseadas no que entende ser correto, sem dar importância aos fatores culturais da nova empresa. Isso cria um campo fértil para a geração de conflitos e atitudes antipáticas dos novos colegas e superiores, principalmente em empresas onde a formalização de regras e procedimentos não é a prática. Não é incomum que esse profissional "atropele" decisões e ações de colegas, diretoria ou até mesmo dos proprietários do empreendimento.

O conjunto de Características do Líder é uma importante variável a ser considerada, uma vez que traços de personalidade, valores pessoais e algumas convicções assumidas durante sua vida dificilmente mudarão, atuando como um forte filtro de como esse líder se comporta. É muito importante que o líder invista no seu autoconhecimento como forma de ter mais clareza sobre suas potencialidades e limitações, permitindo um maior controle e gerenciamento do seu comportamento frente à equipe e em situações importantes que ocorram no ambiente organizacional.

> "Se você tem apenas um dólar para investir no seu desenvolvimento profissional, invista no seu autoconhecimento; certamente esse investimento lhe dará maior clareza e significado às demais iniciativas de desenvolvimento que você terá posteriormente."
>
> *EDUARDO MANCIA.*

Outra variável a destacar refere-se à importância de o líder conhecer mais sobre os seus liderados, contemplando suas expectativas, o que gostam e não gostam de fazer, situações em que se motivam mais ou que lhes causam grande receio e frustração. O líder, ao ter maior domínio do comportamento dos seus liderados, terá mais assertividade em delegar atividades e projetos para as pessoas certas, conseguindo resultados superiores e aumento no nível de motivação e comprometimento da equipe.

Os momentos informais entre o líder e os seus liderados são os melhores espaços para realizar essa prática, desvinculados de uma avaliação ou *feedback* em relação a desempenho e resultados. Estabelecer uma agenda quinzenal de almoço com membros da equipe ou um cafezinho ao final da tarde, mesmo que para falar de assuntos não pertinentes à empresa, cria momentos autênticos no relacionamento com a equipe.

A quarta variável está relacionada a situações de maior criticidade: impactos internos ou externos à empresa, complexidade de atividades, valores financeiros envolvidos, prazos reduzidos para decidir ou realizar ações, entre outras. Em contextos de alta criticidade, cabe ao líder assumir uma posição mais diretiva, conduzindo a equipe com menos delegação e mais controle. Qualquer erro pode colocar em risco a empresa, o próprio líder e até mesmo os liderados. É importante salientar que não se trata de o líder mudar seu estilo constantemente para atender a todas as situações de rotina demandadas pela equipe ou um dos liderados. Isso se dará apenas em situações que se configurem como de risco superior.

É importante frisar que ser líder não tem relação direta com ocupar um cargo de chefia. Qualquer membro da equipe pode assumir, ainda que temporariamente, tal posição, desde que a tarefa ou decisão a ser tomada demande conhecimentos e experiências específicas, sendo que estas nem sempre são de domínio do gestor definido formalmente na estrutura organizacional. Sendo assim, as características pessoais de quem está assumindo a liderança da situação apresentada são o fator mais importante nesse processo. Portanto, até mesmo o estagiário do setor poderá exercer maior influência na equipe, caso ele possua as melhores condições em relação ao problema ou oportunidade alvo de decisão.

"Se você tem algo urgente e muito importante para passar para alguém com o objetivo de que essa pessoa o faça, passe para quem já esteja ocupado, pois o desocupado vai levar muito tempo para se mexer."

IARA NASCIMENTO

Cabe ao gestor entender que a responsabilidade formal sempre será sua, mas a autoridade pode ser delegada a um ou mais membros da equipe por entender que não possui tempo para dedicar-se à tarefa ou não possuir os conhecimentos e experiências requeridas pela situação em análise. O gestor deverá atuar orientando, apoiando e participando da decisão final, transmitindo aos envolvidos segurança e confiança na sua decisão de delegar.

Entendo que em algumas situações é de extrema importância o líder deixar algumas decisões para seus liderados assumirem, possibilitando a eles vivenciarem momentos muito ricos de aprendizagem, tais como dúvidas, incertezas, pressões de colegas, sentimentos de acerto, entre outros. Situações em que o gestor possa correr o risco como responsável e oportunize o desenvolvimento dos seus liderados em situações reais do ambiente empresarial. O líder deve abrir mão de liderar algumas batalhas, possibilitando essa experiência aos seus liderados, sem colocar em risco a perda da guerra. Os seus liderados precisam ter o ótimo sentimento de realizar, decidir e ter o reconhecimento dos colegas e superiores.

> "Delegar não é abdicar da sua responsabilidade como líder, mas sim compartilhar essa responsabilidade com outras pessoas da sua equipe, ajudando-as a se desenvolver."
>
> *FERNANDO JUCÁ.*

O Papel que o profissional assume ao aceitar a autoridade para liderar determinada equipe ou projeto também necessita da sua forte compreensão sobre o que os outros depositarão sobre os seus ombros, considerando que projetarão no seu comportamento a sustentação às suas ações e principalmente em relação às suas orientações e decisões.

Em algumas situações, quando o profissional está no papel de liderado, ele expõe claramente para os colegas os seus sentimentos, críticas e desejos em relação à forma como seu gestor se comporta em relação à equipe, seus pares e superiores. Também o jeito como organiza e prioriza as atividades da área é alvo de crítica desse liderado. Mas quando esse liderado assume o novo papel, o de líder, percebe a complexidade envolvida para tomar algumas decisões, posicionar-se frente à equipe ou até mesmo expressar opiniões pessoais. Estar à frente de uma equipe é como estar em situação similar à de um artista: seus passos são monitorados dentro e fora do palco, alguns admiram e elogiam, outros não aprovam e criticam, principalmente pelo seu comportamento, falas e posicionamentos. O líder responde não apenas pelos seus resultados e entregas, mas também pela maneira como os conquistou, principalmente nas questões de relacionamento interpessoal e valores organizacionais, sociais e éticos.

Muitas empresas já atribuem especial importância aos fatores relacionados à atitude e aos comportamentos nos seus processos de avaliação de desempenho. Caso não estejam em conformidade com os requeridos pela organização, os profissionais podem até ser afastados. Em certa ocasião, um engenheiro de produto, com excelente conhecimento e experiência nas atividades sob sua responsabilidade, foi desligado da empresa em razão do seu comportamento agressivo e debochado com colegas, fornecedores e clientes. Mesmo que os seus projetos fossem avaliados como os melhores em relação aos de seus colegas e concorrentes, o prejuízo que o seu comportamento trazia para a imagem da empresa era muito grande, gerando um desgaste tão grande, que o seu gerente, com a plena concordância do seu diretor, decidiu pela sua demissão.

É fundamental que os profissionais que atuam nas áreas de gestão de pessoas compreendam esses riscos e se organizem para acompanhar profissionais que assumem pela primeira vez a posição de gestor, procurando alertar sobre o papel de "artista", principalmente nas ocasiões em que a promoção for interna, com profissional captado da própria equipe. O processo de gerenciamento realizado por um "prata da casa" normalmente traz alguns conflitos gerados pela equipe, composta por ex-colegas.

A relação de informalidade e intimidade construída quando no papel de integrante da equipe certamente se modificará, não pela vontade do recém-promovido, mas principalmente pelo comportamento dos integrantes da equipe. Conversas sinceras sobre a empresa durante o intervalo de almoço ou após o jogo de futebol com os colegas diminuirão ou até mesmo serão evitadas. Se o gestor não for alertado e preparado para essas novas regras de convivência, poderá achar que está sendo rejeitado pelos ex-colegas.

O exercício da liderança, seja de modo formal ou informal, traz uma grandiosa oportunidade de aprendizagem em relação ao comportamento humano e às relações interpessoais. Não só com foco nas pessoas que estão ao seu redor, mas principalmente para o próprio indivíduo. Alguns alunos ou jovens executivos, em jornada inicial de atuação como líder formal em empresas que atuam, perguntam-me como eles poderiam praticar a liderança sem correr o risco de serem avaliados negativamente em seus ambientes de trabalho, já que a probabilidade de realizarem erros nessa dimensão de liderança é grande.

Sempre afirmo que existem várias oportunidades para exercitarmos o papel de líder fora do ambiente empresarial, sem o risco da perda do emprego ou chance de crescimento na empresa. Uma delas é você assumir a liderança do time de futebol ou vôlei do qual você participa com ex-colegas do colégio. Outra alternativa é assumir como síndico no condomínio onde você mora. Situações como estas têm fortes similaridades com um ambiente de trabalho que impõe busca de resultados, relacionamentos com pessoas com perfis diferentes, gestão de recursos financeiros, administração de conflitos e, principalmente, tomar decisões premidas por tempo, resultados e pessoas.

Dei-me conta dessas oportunidades informais quando, já exercendo o papel de gestor em empresas, voltei ao meu passado quando juntamente com dois amigos de rua em Porto Alegre/RS, nos nossos 16 anos de idade, fundamos um time de futebol. Chamava-se *Bambas de La Pejorda*. Já no nome queríamos mostrar que teríamos na garra argentina o nosso referencial. Jorge Leães, como Presidente, Denis Abrahão, como Vice-presidente, e eu, Ério Nascimento, como Diretor de Futebol, juntos formamos um grupo de 20 jogadores amadores, que inclusive pagavam um valor mensal para participar da equipe. Organizar os jogos, mobilizar o pessoal, lavar os uniformes, contratar adversários para os jogos de sábado à tarde, alugar ônibus para deslocamentos para fora de Porto Alegre, administrar conflitos entre nós e os demais "atletas", administrar o treinador, que também era voluntário, entre outras tarefas, era o escopo de atuação desses três jovens. Além da forte amizade que se criou entre nós, muito do que aprendi naqueles momentos me ajudaram e ainda ajudam no exercício de papéis de liderança. Denis Abrahão veio a destacar-se como dirigente no futebol brasileiro, participando ativamente da gestão do Grêmio Futebol Porto Alegrense. Newton Drummond (Chumbinho), um dos fiéis "jogadores", também se destacou como dirigente no Sport Club Internacional, sendo que ambos participaram das espetaculares façanhas de serem campeões mundiais como dirigentes nos seus respectivos clubes. Mais recentemente, Carlos Alberto Nascimento (Deco Nascimento), também um dos jogadores voluntários, com participação ativa na Diretoria de Futebol do Grêmio Futebol Porto Alegrense, chegou à conquista da Taça Libertadores da América no ano de 2017.

Em muitas situações, conversando com executivos já experientes em posições de liderança formal em empresas consideradas referência em gestão, boa parte desse grupo afirma que quando da primeira vez que foram convidados para assumir uma posição de supervisão ou coordenação, foram os escolhidos porque conseguiam individualmente obter resultados superiores em relação aos de seus colegas, principalmente em relação a metas e/ou projetos. Não foram previamente treinados ou até mesmo avaliados em relação às suas habilidades comportamentais, principalmente para a posição de liderar outras pessoas, gerenciar conflitos e tomar decisões em nome da sua área de responsabilidade.

Não é difícil encontrar executivos com forte competência para gerenciar: planejar, organizar, executar e controlar. Mas esses mesmos executivos apresentam baixa competência para liderar pessoas: mobilizar, comunicar, motivar e gerir conflitos interpessoais. A competência técnica, somada à competência gerencial, por muito tempo foi suficiente para impulsionar promoções e carreiras gerenciais e diretivas nas nossas empresas. A competência comportamental era pouco considerada, a atuação de profissionais da área de psicologia encontrava alguns espaços em processos de seleção para cargos operacionais, mas não conseguiam influenciar decisões referentes às posições de gestão. Promoções internas eram decididas entre os gerentes e diretores da própria área em que o profissional atuaria. A expressão *"contratamos pelo currículo e demitimos pelo comportamento"* simbolizava essa prática.

Ao continuar a referida conversa com esses executivos, pergunto-lhes se estão felizes por terem em algum momento das suas carreiras assumido uma posição de gestão, sendo que essa escolha os colocou nesse eixo profissional que norteou até o momento as suas trajetórias de carreira. A resposta é simples e complexa ao mesmo tempo.

"Entrei na empresa como estagiária e, após um ano, fui admitida como auxiliar administrativo na área de vendas. Como me identifiquei com as atividades da área e eventualmente acompanhava os vendedores, passados dois anos, fui promovida a vendedora, respondendo por uma pequena carteira de clientes. Nesse momento, eu me sentia altamente motivada e com muita energia para bater as minhas metas. Bingo, superei metas e a minha carteira de clientes foi ampliada, chegando a contemplar 30% do faturamento total da empresa. Fiquei grande!!! Foram três anos maravilhosos, eu planejava a minha agenda de visitas e roteiros de viagem segundo os meus critérios; sábado pela manhã era o momento que eu me organizava para a semana, principalmente para a reunião de todas as segundas-feiras com o nosso Gerente Regional. Surgiu a necessidade de dividir a área em que atuávamos em duas regiões, o que resultou na minha promoção para Gerente Regional, assumindo o gerenciamento de dez vendedores e a soma das suas metas individuais. Nos primeiros seis meses, tudo funcionou bem, mas no decorrer do tempo, alguns vendedores apresentaram ritmos diferentes, não alcance de metas, má organização na gestão das suas carteiras, brigas com colegas e até mesmo com clientes. Pela primeira vez, vi-me em situação de ser cobrada por algo que eu não estava efetivamente realizando, já que pouco eu ia a campo para vender. Minhas constantes idas

aos clientes eram para o nosso fortalecimento institucional. Comecei a entender que o modelo de trabalho que eu desenvolvi e apliquei na empresa, somado ao meu estilo de vida, e que muito me ajudaram na promoção para Gerente Regional, não tinha aderência para os vendedores integrantes da minha equipe. Eles tinham outras prioridades para os seus sábados pela manhã.... Confesso que passados dez anos de vida executiva, na verdade eu gostaria de voltar a ser vendedora. Hoje tenho duas filhas na faculdade, estou pagando um apartamento novo em um bairro nobre da cidade, portanto não tenho condições de voltar a ser feliz."

Certamente, as nossas tradicionais estruturas de cargos e remuneração instaladas na grande maioria das empresas têm uma participação forte nessa dissonância. Praticamente só existe um caminho para você alcançar patamares superiores de remuneração, considerando salário, benefícios e bônus: evoluir na estrutura organizacional da empresa por meio dos cargos de gestão, mesmo que você não queira viver o mundo de *Ser Gestor.*

Alcançar uma posição que economicamente você possa oferecer a si próprio e aos seus familiares uma condição melhor de saúde, educação e estabilidade financeira requer optar pela carreira de gestão. Vale salientar que alguns profissionais têm plena consciência sobre as dificuldades que terão quando forem efetivamente promovidos a gestor, mas mantêm a decisão de trilhar essa trajetória. Não podemos desconsiderar a pressão social que todos nós sofremos vinda dos nossos relacionamentos familiares e sociais. *"O teu irmão matriculou o Eduardinho (filho) em colégio particular, nós ainda não conseguimos fazer o mesmo para a Paulinha."*

Pouquíssimas empresas oferecem estrutura de cargos e remuneração que possibilite você crescer financeiramente sem que seja aceitando cargos de coordenador, gerente ou diretor. Ter sistemas de carreira e remuneração que valorizem competências técnicas e especialistas, permitindo que profissionais optem por esse caminho, mas preservando o acesso a níveis de remuneração equivalentes aos cargos de gestão, tem minimizado essa incoerência.

É interessante quando estamos em empresas que dependem e/ou oferecem produtos e serviços demandadores de tecnologia de ponta, que têm nos seus quadros profissionais altamente capacitados para dar sustentação a esse posicionamento, mas na contramão possuem políticas de remuneração que não os seguram na empresa. Até mesmo cometem o erro de "melhorar sua vida com uma promoção e aumento salarial", promovendo-os a gerente. Perdem excelentes especialistas e ganham fracos gestores, normalmente mal-humorados, brabos com todo mundo, eternos insatisfeitos e péssimos gestores de equipe.

Adotar o caminho da gestão, assumindo funções e papéis em que você obterá resultados com a participação de outros, sendo que estes depositarão em você a responsabilidade de liderá-los, orientando-os e desenvolvendo-os, mas principalmente intermediando conflitos e expectativas divergentes, não é uma tarefa fácil que apenas cursos e livros resolverão para você. Muito do seu sucesso dependerá da sua atitude em compartilhar suas dúvidas e aceitar que colegas, tanto subordinados como chefias, tenham *feedbacks* importantes para lhe dar.

CASO 2:

SITUAÇÃO:

Ao participar do grupo de planejamento estratégico de uma empresa com sérios problemas financeiros, econômicos e de mercado, situação considerada como crítica para a sobrevivência do negócio, o Gerente de Desenvolvimento Organizacional viu-se frente a um grande desafio que certamente lhe proporcionaria importante aprendizagem, somando-se a valorização interna e da sua equipe na empresa, mas com alto risco caso o projeto não acontecesse conforme o programado.

Na última rodada de definição dos projetos estratégicos para os três anos seguintes, a esse Gerente foi direcionado o projeto mais importante em termos de investimento e impacto na operação da empresa, com expectativas de melhorias significativas nos seus processos industriais e consequente melhoria nos resultados da empresa.

Inicialmente entusiasmado e louco para contar à sua equipe sobre o reconhecimento e a oportunidade que teriam a partir daquele momento, imediatamente aceitou o desafio.

Ao final desse encontro, a primeira pessoa que veio falar com o Gerente de Desenvolvimento Organizacional foi o Presidente da empresa, cumprimentando-o e manifestando confiança, mas ao mesmo tempo afirmando que acompanharia de perto o desenvolvimento do projeto, que estaria ao lado para saber sobre o seu andamento e que gostaria de receber relatórios frequentes.

PROBLEMA:

Bateu o receio nesse Gerente que foi escolhido para tocar esse projeto tão importante para a empresa, uma vez que ele se deu conta de que a sua área viraria a principal vitrine dentro da empresa, com os diretores e presidente interessados e preocupados com a execução correta do projeto, sem estourar o orçamento e o prazo limitado definido no planejamento estratégico.

Ele vinha adotando um modelo de liderança com alto grau de delegação junto a sua equipe, já que os profissionais estavam entregando com qualidade, obedecendo prazos combinados e com clima favorável de convivência e comprometimento.

Ao anunciar para a equipe a decisão da diretoria em relação ao projeto, em um primeiro momento, fê-lo compartilhando a sua felicidade pelo reconhecimento e a oportunidade de estar à frente de um desafio que oportunizaria a todos muito aprendizado, mas imediatamente externou que estava apavorado, preocupado com o tamanho do desafio e o receio de não conseguir dar conta. Na sequência, compartilhou o seu desejo de contar com todos eles, mas que mudaria o seu estilo de liderança, do até então de alta delegação para o estilo de maior controle sobre as atividades da equipe, participando mais ativamente na execução, decisões e encaminhamentos que normalmente eles faziam sem consultá-lo.

APRENDIZADO:

Considerando que a situação era crítica, pelo investimento e as expectativas envolvidas, o Gerente de Desenvolvimento Organizacional mudou seu estilo de liderança, tornando-se mais controlador e participante na execução das atividades da equipe. O cumprimento de prazos, a gestão das despesas e a integração com as outras áreas da empresa passaram a ter maior atenção do líder.

Como ele externou abertamente para a equipe os seus receios, ele oportunizou à equipe entender o contexto do desafio, as dificuldades que certamente teriam pela frente e a necessidade de estarem mais juntos e apoiados pelo Gerente, bem como também a necessidade de a equipe apoiá-lo tecnicamente nos momentos críticos que certamente ocorreriam durante a execução do projeto.

O projeto chegou aos seus objetivos com um pequeno atraso, mas dentro do orçamento, com a equipe tocando com muito entusiasmo e enfrentando com coesão as dificuldades que surgiram, sempre com muita discussão, mas centrados no objetivo final.

O presidente e a diretoria sentiram-se participantes e sabedores dos passos realizados e das dificuldades enfrentadas, orientando e decidindo com segurança sobre as demandas do projeto.

CONCLUSÃO:

Há momentos em que o Líder deve mexer na organização e esquema tático do time que está ganhando, já que a situação do campo de jogo se alterou, mas de forma combinada e considerando a maturidade da sua equipe.

Essa situação demonstra que o exercício da liderança não deve ter um modelo único, que uma vez assimilado pelo Líder, deve ser aplicado de forma singular para todas as situações que o ambiente organizacional nos traz.

Adiciono que esse Gerente teve humildade e sabedoria para compartilhar seus sentimentos com os integrantes da equipe, sem colocar à frente a sua posição hierárquica e autoridade, obtendo forte comprometimento de todos para o grande desafio.

VAMOS CONVERSAR?

1. Você concorda com a mudança de estilo de liderança adotada pelo gerente em razão do novo projeto? Justifique.

....

....

....

....

....

2. Que riscos ele correu em relação à equipe?

....

....

....

....

....

Anotações:

....

....

....

....

....

....

3.

Cultura Organizacional: O Campo de Jogo que Você Deve Se Interessar em Conhecer

Certa vez, cheguei à faculdade com uns 45 minutos de antecedência do início das aulas dos cursos de pós-graduação. Quando os alunos da disciplina de Cultura Organizacional estavam chegando à sala, percebi que havia uma aluna que não pertencia àquela turma. Ela cursara essa disciplina há quatro semestres, com ótima participação e interesse nos conteúdos e debates ocorridos em sala de aula. Como estava ansiosa para falar comigo, oportunizei 30 minutos para atendê-la.

Ela trazia uma forte preocupação com o seu momento profissional, relatando que há aproximadamente um ano tinha trocado de empresa. Avaliou e aceitou o desafio como potencial trampolim para ascender a um cargo de nível gerencial, já que até aquele momento não vira essa possibilidade na empresa em que estava trabalhando há quatro anos. Dei os parabéns pela oportunidade, mas questionei o motivo de sua ansiedade, pois percebi em sua fisionomia traços de infelicidade.

Imediatamente ela afirmou que tinha deixado de ser competente, apesar de estar atuando em posição similar à anterior, com adicional de salário, com praticamente as mesmas responsabilidades e entregas. Via-se com muita dificuldade para entender o jeito da nova empresa, a forma como os gerentes cobravam as equipes, como as pessoas se relacionavam, entre outros pontos.

Relembrei a ela que competência não zera da sexta-feira para a segunda-feira, ou seja, o que aprendemos como conhecimento e experiência em atividades que realizamos recentemente, com frequência compõem a nossa bagagem que levamos para aplicação no novo ambiente de trabalho. No entanto, sofremos um pouco ou muito, depende de cada um, com a adequação das nossas atitudes e comportamentos à nova empresa. Também através dessa mesma lente, na maioria das situações, estranhamos os comportamentos dos novos colegas e gestores.

Concluí nossa conversa salientando que as empresas também possuem suas personalidades próprias, tornando-as diferentes umas das outras, definindo de forma consciente ou até mesmo inconsciente os seus reais jeitos de reagir, participar, decidir, julgar e se comunicar com os seus públicos. Cabia a ela não se fixar apenas nas suas competências de conhecimento, experiências e habilidades, mas sim avaliar se poderia flexibilizar sua maneira de se relacionar e agir no trabalho, com o intuito de aproximar-se do jeito de ser da nova empresa.

> "Observe muito. É preciso ter humildade para entender que você precisa se reinventar e (...) terá de aprender coisas novas tomando como base não só o seu conhecimento passado, mas também a cultura da atual empresa."
>
> *ANDREA IORIO*

Um dos temas em gestão que para nós brasileiros conquistou importante espaço em estudos e valorização interna nas empresas foi o de Cultura Organizacional. Se por muito tempo falávamos que um dos grandes desafios gerenciais era selecionar pessoas certas para funções certas, atualmente verificamos a maior compreensão da complexidade de selecionar e promover pessoas, considerando a ampliação da frase para: um dos grandes desafios gerenciais é selecionar pessoas certas para funções certas em ambientes certos.

Todas as empresas têm suas características culturais influenciadas por valores, crenças, convicções, preconceitos, histórias, entre outros fatores. Por meio do comportamento dos seus funcionários, principalmente dos seus líderes, elas evidenciam aos seus públicos de relacionamento o jeito que entendem ser o correto para avaliar, decidir e executar as suas atividades. Quanto mais intenso e frequente esse comportamento é praticado, cria nos ambientes interno e externo uma forte identidade empresarial, levando-nos a qualificar algumas empresas como de "forte perfil cultural". Eventualmente, encontramos empresas com práticas que confrontam quesitos éticos e morais. No entanto, quando as organizações estão sustentadas por seus valores e crenças, referendados pelos seus acionistas e principais executivos, tornam-se fortes pilares que justificam a continuidade desses comportamentos e consequente validação pelos que integram o sistema vigente.

Ao analisarmos os casos de corrupção recentemente ocorridos no Brasil, representados de forma mais contundente nas operações da Polícia Federal chamadas de Lava Jato e Mensalão, identifica-se um *modus operandi* entendido como natural pelos diretamente envolvidos, mesmo que todos soubessem que estavam praticando atos ilegais perante a justiça, constituição federal e sociedade.

Cada empresa tem o seu "caldo de cultura", independentemente de ser privada ou pública, que influencia diretamente a forma como elas constroem e praticam comportamentos considerados válidos pelos seus integrantes, principalmente pelos seus líderes. Na maioria dos ambientes organizacionais, as regras de conduta de indivíduos e equipes não estão escritas em normas ou regras. Por vezes, as falas das lideranças e orientações gerenciais também não são muito claras e explicitadas a todos. É por meio do comportamento regular dos integrantes da organização, consciente ou inconscientemente, que as informações (valores, conhecimentos etc.) são passadas e reafirmadas constantemente aos seus funcionários, clientes, fornecedores e outras entidades.

"Para conhecermos a cultura organizacional, precisamos sentir o 'cheiro do lugar'."

VANESSA SAMRSLA

A seguir, alguns fatores culturais que afloram nos relacionamentos das empresas de forma sistemática, caracterizando o seu jeito de se comportar:

- **Valores**: são os fundamentos morais, éticos e sociais no relacionamento entre as pessoas. No ambiente empresarial, são observadas a forma e a intensidade que valores como honestidade, colaboração, sustentabilidade, integridade, responsabilidade social, transparência, flexibilidade, entre outros, tornam-se concretos por meio de decisões e condutas dos executivos e funcionários. Podemos afirmar que esse fator compõe a essência, o principal na constituição da cultura de uma empresa e está intrinsicamente vinculado aos valores pessoais dos fundadores, sucessores e líderes. Percebemos, por exemplo, a crescente preocupação e ações empresarias em relação ao tema sustentabilidade, internalizando em seus processos de gestão e investimentos intensa atenção em operar os seus negócios de forma que minimizem ou até mesmo eliminem o impacto de resíduos, embalagens e materiais no ambiente. Quando a responsabilidade social do negócio em relação à sustentabilidade torna-se um valor empresarial verdadeiro, direciona a empresa para naturalmente investir em tecnologia, equipes e relacionamentos, de forma a internalizar nos seus processos organizacionais e comportamentos internos e externos o compromisso e as práticas que sustentem a espontaneidade dos seus atos em relação a essa conduta.

- **Artefatos**: refere-se ao modo como a empresa organiza, aloca e distribui seus objetos materiais. De forma ampla, isso atinge diferentes materiais e instrumentos, como formato de móveis, tamanho e localização de salas individuais, vagas de estacionamento, acessos a ambientes, entre outros, que referenciam modelos hierárquicos e de *status* adotados nos relacionamentos interpessoais. Em alguns casos, são adotados modelos que na prática são contraditórios ao discurso veiculado na mídia. Como exemplo, há empresas que publicam que seus clientes são o seu principal patrimônio, sendo a razão de sua existência. No entanto, as vagas de estacionamento de carros disponíveis na sua área interna são disponibilizadas apenas aos seus diretores e gerentes, restando ao "seu principal patrimônio" a alternativa única de estacionar o seu carro em algum lugar fora da sua área física, expostos ao clima e insegurança. Outras afirmam que os seus "colaboradores são o seu principal ativo", mas adotam salas climatizadas e confortáveis somente para os executivos, sendo que o seu principal ativo passa, no mínimo, 8 horas em ambientes industriais com a mínima refrigeração, inseguros e insalubres.
- **História**: refere-se a fatos efetivamente ocorridos no passado das empresas que foram fundamentais para alavancar o seu crescimento ou geraram fortes crises que abalaram e ameaçaram a continuidade do empreendimento. Situações que, pela sua dimensão e repercussão, podem ter impactado fortemente a imagem ou o reconhecimento da empresa, tanto no ambiente interno como externo. Empresas familiares que estão passando o controle e gestão para a geração posterior, com a convivência entre pais e filhos na direção dos negócios, geralmente "os mais velhos", sustentam suas decisões do presente nesses fatos importantes ocorridos no passado. Encontramos, em algumas situações, decisões tomadas na atualidade com forte influência de posicionamentos sobre fatos ocorridos há 20 ou 30 anos, sem que nenhum executivo atual tenha vivenciado tal ocorrência. Particularmente, incentivo muito as empresas familiares que já estão na "passagem de bastão" da segunda para a terceira geração, ou da terceira para a quarta geração, para

que escrevam a sua história. Saber como desde o início os fundadores, tanto no âmbito empresarial como familiar, construíram o que na atualidade é um patrimônio admirado pelos filhos, netos e sociedade. Saber o tamanho do esforço, as dificuldades encontradas, as superações e conquistas, como essas situações ainda impactam muito a cultura organizacional vigente, bem como oferta aos líderes atuais a identificação de fatores importantes que podem impulsionar a solução de problemas críticos ou o aproveitamento de oportunidades importantes do presente.

- **Preconceitos**: inicialmente, vamos esclarecer o nosso entendimento sobre preconceito. Sustentamos que esse conceito significa posicionamentos críticos sem análise aprofundada ou razão objetiva, um juízo preconcebido sobre pessoas, circunstâncias, crenças, até mesmo em relação a situações não vivenciadas pelo autor da atitude. Quando socializado, adquire força importante de influência no comportamento das pessoas. No ambiente empresarial, quando esta é uma característica cultural da organização, aparece como resistência à mudança, à inovação, muitas vezes sustentada por lideranças com poder reconhecido, gerando decisões baseadas em referências superficiais ou em suposições, sem sustentação de dados e fatos. Um dos preconceitos clássicos, ainda vigente em empresas brasileiras, é que mulheres não têm bom desempenho em posições executivas, principalmente em áreas financeiras. Sendo assim, geralmente os homens são promovidos para posições de chefia nesses setores. Sabemos que não temos comprovação científica para sustentar essa afirmação, bem como existem casos de executivas de sucesso à frente de áreas de finanças ou até mesmo na direção geral dos negócios. O fato é que, ao consultarmos *sites* das nossas empresas brasileiras, veremos a existência de poucas mulheres em posições executivas em áreas financeiras, comparando com a quantidade de homens que atuam nesse nível.
- ***Pessoas:*** quando nos referimos a "pessoas", estamos falando de personagens que possuem poder e comportamento considerados relevantes na trajetória da empresa, por vezes sendo referenciais do sucesso do empreendimento. Fundadores presentes fisicamente no ambiente ou na memória de executivos e funcionários atuais exercem forte impacto nas características culturais da empresa. Na maioria das vezes, contribuem com influências positivas que sus-

tentam a chegada e adaptação dos novos, bem como fortalecem relacionamentos com clientes e fornecedores. Também os heróis são referenciados, pessoas que no passado tiveram papel importante na gestão e operação da empresa por meio de reconhecida dedicação e comprometimento superior aos dos demais colegas. Foram confidentes, companheiros e até mesmo colocaram em risco patrimônio particular para apoiar a empresa em situações financeiras de alta criticidade. Líderes atuais, em posição de direção executiva de empresas, principalmente familiares, têm um papel importantíssimo de equilibrar o presente/futuro do empreendimento, mas sempre considerando o passado e as pessoas que o construíram. Não enxergar méritos e rotular esse grupo do ontem apenas como os resistentes à inovação e evolução da empresa é um erro, mas ter a habilidade de usar as experiências e habilidades desse grupo para o alcance de resultados positivos na sinergia dos "novos líderes" com os "velhos líderes" é um diferencial de competência importante do líder.

> "Empresa não é mesa, não é máquina, não é computador, não é dinheiro, prédio ou software, mas sim Gente dando vida a esses recursos."
>
> *ÉRIO NASCIMENTO.*

A influência do conjunto de fatores culturais mais relevantes no ambiente da empresa, a forma e intensidade como eles são realmente praticados, caracteriza-se por meio de rituais organizacionais. São convicções, normas e valores tidos como certos ou aceitos, que nem sempre estão escritos e claramente identificados, mas exercem relevante poder de influência no comportamento da empresa de forma ampla, atingindo todos os níveis hierárquicos, até mesmo relacionamentos externos. É importante salientar que algumas empresas têm excelentes códigos de conduta escritos e amplamente divulgados aos seus executivos e funcionários, mas na prática "as coisas não acontecem bem assim...". Vamos analisar alguns rituais:

a. **De reconhecimento**: quais os critérios reais de promoção dos funcionários, por meritocracia ou por relacionamento com a chefia? Há uma valorização maior para a capacitação técnica ou para a capacitação comportamental? Os amigos do rei ou da rainha têm preferência? O sistema de gestão por competências é para todos?

O ritual de promoções internas ou reconhecimento dos melhores é um forte indicativo de traços culturais das empresas, possibilitando avaliar dificuldades ou oportunidades para a evolução na direção de uma gestão estratégica de pessoas mais eficaz.

b. ***De rompimento***: de que forma a empresa executa a demissão dos seus funcionários? Os executivos têm tratamento diferenciado em relação aos demais em situações de conflito? A decisão é tomada pela chefia, mas o profissional fica semanas ou meses na "fritura" sem saber o que realmente está acontecendo? Deixam de ser convidados para reuniões importantes, nas quais sempre participavam? A chefia e gestão de pessoas sentam com o profissional e constroem a forma de saída? Também podemos considerar neste quesito os funcionários ou executivos que tenham um perfil mais questionador e participativo, despreocupados com as fronteiras hierárquicas. Portanto, estes em alguns momentos se posicionam contrários a opiniões de seus superiores, mas com o objetivo de enriquecer a discussão e consequente processo decisório. Dependendo do "caldo cultural" da empresa, principalmente no que vimos em Valores, o profissional pode estar cavando a sua própria cova, apesar de estar inteiramente comprometido com os objetivos da empresa.

c. ***De decisão***: como realmente as decisões na empresa são tomadas, principalmente as não rotineiras? Há um respeito integral à hierarquia e às normas escritas? Leis e códigos são considerados referenciais principais para o comportamento da empresa? As principais decisões sobre problemas relevantes na organização são tomadas em reuniões formais com os executivos e técnicos ou em grupos informais fora da empresa? Quem realmente influencia as decisões, os gerentes ou os amigos do rei ou da rainha? O processo decisório, como ele realmente acontece, nos oportuniza identificar traços importantes da cultura organizacional, principalmente em relação à dinâmica do poder e quem são os reais detentores do poder, seja em relação ao de decisão ou de influência.

d. ***De gestão de conflitos***: esta é uma certeza que temos ao trabalhar em uma empresa, independentemente em que nível possamos estar, se operacional ou estratégico: conflitos existirão. Ideias, formas de agir, expectativas pessoais, níveis de comprometimento, entre outros fatores, não se estruturam de forma igual entre as pesso-

> as. Portanto, é uma constante termos posicionamentos diferentes frente a situações corriqueiras no ambiente de trabalho. O que se altera de empresa para empresa é o jeito com que cada uma trata seus conflitos. Algumas entendem simplesmente que são brigas entre colegas e equipes. Esse traço cultural é um forte inibidor para atitudes direcionadas para a inovação, criatividade e busca de alternativas não conservadoras para a evolução da organização. Mais recentemente, outras empresas com estilo mais liberal vêm estimulando a exposição de divergências, inclusive desconsiderando totalmente os níveis hierárquicos, criando ricos espaços de colaboração e cocriação, desconsiderando as diferenças. É interessante observarmos como ainda existem empresas que se "escondem" quando na ocorrência de conflitos com clientes. São excelentes para encantá-los durante a venda, mas quando um problema surge, comportam-se como instituições fantasmas: ninguém atende ao telefone, os gerentes somem e o pingue-pongue passa a ser o jogo imposto ao cliente. Um excelente exercício para analisar o perfil cultural de uma instituição em relação a conflitos é realizar a jornada do cliente nos seus relacionamentos com a empresa, principalmente nos momentos críticos. A diferença entre o que a organização está comunicando ao mercado e o que realmente está sendo praticado torna-se uma oportunidade valiosa para reorientar suas estruturas e processos, principalmente as de *back office*, ainda mais quando envolve o seu principal patrimônio: O Cliente.

Charles Handy, em seu livro *Deuses da Administração*, nos oferece um modelo para avaliarmos perfis culturais de empresas, considerando quatro tipos normalmente identificados em ambientes empresariais. Como forma de facilitar a exposição e consequente entendimento dos seus leitores, ele se utiliza de metáfora baseada nos seguintes deuses gregos: Zeus, Apolo, Atena e Dionísio. Essa tipologia é uma referência para estudo e aplicação empírica de cultura organizacional, mas deve ser adaptada às respectivas realidades, assim como complementada com outros instrumentos de diagnóstico cultural.

Inicialmente, temos o perfil Zeus, que se caracteriza por empresa com forte influência de um líder ou pequeno grupo de líderes validados pelo primeiro. Normalmente, esse líder é o seu fundador, detentor da maior participação no controle da empresa ou profissional com forte identificação com o seu passado. Também ter convivido com o fundador é um atributo que fortalece essa identificação.

Esse líder, Zeus, muitas vezes elege funcionários em que ele deposita maior confiança. Nem sempre esses escolhidos ocupam cargos executivos, mas têm muita convivência informal com ele, criando forte afinidade na maneira de pensar e fazer as coisas acontecerem. As arenas onde essa convivência se fortalece podem ser no jogo de futebol no fim de semana, no grupo da igreja que se encontra aos domingos, na confraria dos ex-alunos do colégio, ou seja, não somente nos espaços internos da empresa.

A imagem que melhor ilustra o perfil Zeus em uma empresa é a da teia de aranha: no centro, fica o Líder, caracterizado como o núcleo da hierarquia; os seus escolhidos estão distribuídos em algumas partes da estrutura organizacional. Os amigos do rei ou da rainha têm livre trânsito na empresa, com igual liberdade para acessar o topo, seja em áreas internas ou externas da organização, por meio do relacionamento informal com a liderança.

Alguns comportamentos observáveis nesse perfil ZEUS – Amigos do Rei:

a. **Centralização do poder:** as principais decisões, até mesmo operacionais, são tomadas pelo líder; a sua aprovação, ou no mínimo consultá-lo, é prática não só exigida por ele, mas também desejada pelos profissionais envolvidos; se um dos eleitos de Zeus estiver à frente da decisão, minimiza a necessidade da sua participação.

b. **Fidelidade e afinidade:** estes atributos são fundamentais para uma avaliação positiva na empresa, auxiliando o funcionário na aceitação de suas ideias e seu crescimento na empresa. Os profissionais têm de saber jogar o jogo da influência informal, associando-se ao grupo de eleitos de Zeus; simbolicamente afirmo que se as decisões acontecem no jantar semanal da confraria de amigos, participar desse ritual é importante para quem quer ser aceito no grupo.

c. **Intuição no processo decisório:** empresas com este perfil trazem uma trajetória de decisões com pouco tecnicismo. Muito do sucesso da empresa baseia-se na habilidade do líder Zeus para identificar oportunidades e assumir o risco de realizá-las. Como a empresa resultou de uma caminhada com muitas iniciativas pessoais, sem planos de negócio previamente analisados e compartilhados, apresenta no presente certa dose de rejeição para planejamentos e análises detalhadas ou formatadas em fundamentos teóricos. O histórico de sucesso dessa prática informal encoraja o comportamento de colocar a mão na massa e fazer acontecer. O comportamento organizacional de acerto e erro torna-se prática corriqueira. O alerta que fica para os "não amigos do rei ou da rainha": estes, ao errar ou contrariar membros do "clube", normalmente terão menos tolerância de Zeus, portanto, a punição virá.

d. ***Aprendizagem:*** aplicação da tentativa e erro, ir para a atividade prática e testar. Identificar e visitar outras empresas, preferencialmente lideradas por amigos ou referência empresarial que o líder Zeus admira, já pode ser suficiente para decidir e implantar mudanças na empresa. A aprovação pelos eleitos de Zeus resulta em forte energia para acelerar implantações de novidades. Por outro lado, se esse grupo não estiver de acordo, a energia será contrária na mesma intensidade. Ao analisarmos a história de empresas com esse perfil, identificaremos pouca proximidade dos seus líderes com cursos formais, sendo que não é novidade o fundador ter no máximo formação em nível técnico, sem a conquista de graduação ou participação em programas de MBA. Aprender fazendo caracteriza a sua trajetória profissional.

e. ***Julgamento de pessoas:*** empresas com o perfil Zeus valorizam intensamente os relacionamentos entre as pessoas, principalmente em relação ao grupo de confiança do líder. Sistemas de avaliação por competências, que ampliam o seu foco para os quesitos atitudinais, e, portanto, de comportamento dos profissionais, encontram sérias dificuldades de sustentação. Até são implantados, mas as lideranças identificadas com práticas sustentadas em afinidade e confiança pessoal, consciente ou inconscientemente, desconsideram o formalismo da avaliação. É interessante quando encontramos um funcionário com baixo desempenho e até mesmo baixo interesse pelas demandas da empresa, com anos de casa e algumas transferências de setor não muito bem justificadas. Na maioria das vezes, esse funcionário tem algum fato no passado ou vínculo com o grupo de afinidade de Zeus que o blinda em relação a decisões mais fortes, como a sua demissão. Encontrei essa situação em uma empresa onde um coordenador de área, com resultado baixo na sua avaliação e comprometimento com as suas atividades e colegas, tinha sua posição na organização com o *status* de intocável. Aproximadamente 15 anos antes, seu pai emprestara recursos financeiros à empresa em um momento crítico por qual ela, e consequentemente Zeus, passava, ajudando na continuidade do negócio. Indiretamente, essa situação se configurou em bola de ferro de grande peso para a demissão desse coordenador.

Esse perfil Zeus identifica-se com a maioria das empresas familiares brasileiras, lembrando que esse grupo representa mais de 90% das companhias instaladas no nosso país. Não estamos afirmando que esse modelo é perdedor, não gera resultados ou não é aconselhável como forma de administrar. Existem muitas empresas familiares vencedoras, que construíram e continuarão a construir sólidos patrimônios, produtos e serviços que contemplem os seus acionistas, clientes, funcionários e comunidades onde atuam. No entanto, muitas vezes tornam-se vulneráveis por resistirem demais à adoção de práticas atuais impostas por concorrentes com conduta mais ágil e menos conservadora.

Os compromissos com algumas pessoas ou grupos que foram válidos em situações no passado, que o mercado "pagava", podem tornar-se armadilhas perigosas no presente e futuro da empresa.

Como um segundo perfil apontamos Apolo – Racional, empresas que têm no formalismo e controle o seu fundamento de planejamento, organização, decisão e execução. Normalmente, valorizam o tecnicismo por meio da aplicação de modelos teóricos e validados em ambientes empresariais considerados como referências internacionais. Sistemas de qualidade, de segurança, de produção, entre outros, alcançam esse *status*, configurando como selos que atestam certificações de procedimentos e condutas empresariais diferenciadas.

Empresas Apolo favorecem a adoção de planejamentos detalhados. Cronogramas com os principais eventos e recursos são necessários para a organização e as decisões na empresa, tanto operacionais como estratégicas. Outro diferencial desse ambiente é a clara distribuição de responsabilidade e autoridade, exibida por meio de políticas e normas, organogramas, nomenclatura de cargos e artefatos. Normalmente, a forma de vestir exigida, a distribuição e padronização dos espaços de trabalho, quem pode participar em reuniões e quem fala com clientes e instituições externas apresentam estratificações sustentadas tecnicamente e representadas na hierarquia da empresa. Em relação ao Perfil Zeus, Apolo tem comportamento de maior transparência nas relações de poder, bem como fortes traços de controle. Costuma-se afirmar que o que será planejado exaustivamente, realmente acontecerá, portanto, indicadores e metas serão cobrados frequentemente.

Charles Handy exemplifica o perfil Apolo – Racional com a imagem de um templo grego, construído com sólidas colunas sobre uma base muito bem estruturada, complementando com a imponente parte superior que cobre todo o interior do templo. O simbolismo dessa figura indica o uso de muito conhecimento, planejamento, organização e controle na construção dessa magnífica obra, perpetuando-a através dos tempos.

Algumas características de empresas Apolo – Racional:

a. **Pensamento lógico:** um dos pontos fortes desse perfil é o imperativo técnico que se impõe no seu processo de gestão. Argumentações e apresentações de ideias com forte predominância de dados concretos, informações técnicas e referenciais validados no mercado, principalmente por órgãos reguladores ou especialistas. A análise de problemas, identificação de alternativas e decisões seguem um ritual sequencial e complementar, cumprindo uma caminhada lógica e sustentada por metodologia. Atropelar uma das fases é assumir riscos de forma irresponsável, negligenciando o sistema de gestão que traz segurança e qualidade à decisão e posterior execução. Profissionais com perfil muito informal e intuitivo sofrem para sobreviver nesse ambiente.

b. **Planejamento:** o ambiente Apolo valoriza métodos e formas que possibilitem o exercício de antecipar situações. Ter uma visão de médio ou longo prazo traz uma importante dose de desafio, sonho a ser alcançado, mas requer previsibilidade de eventos e potenciais riscos. Nesse tipo de ambiente empresarial, atividades de planejamento estratégico, elaboração de planos de negócio e orçamentos encontram a sua praia, sendo entendido pelos executivos da empresa como extremamente necessários, com espaços generosos nas suas agendas. O profissional com perfil mais generalista e informal, que não valoriza a utilização de informações técnicas, projeções financeiras e definição prévia de cronogramas, vê-se um pouco perdido e até mesmo desmotivado por achar esse ambiente muito burocratizado. Simultaneamente, esse profissional pode ter sua avaliação de desempenho com parecer desfavorável, uma vez que seus líderes o enxergam com perfil descompromissado com a qualidade no que faz, além de pouca dedicação na análise de situações sob sua responsabilidade.

c. **Aprendizagem:** atividades direcionadas para a busca de conhecimento são muito valorizadas em ambientes Apolo. Há o entendimento de que quanto mais a empresa está dominando determinado assunto ou situação, mais ela estará preparada para enfrentar as incertezas do seu futuro. Estímulo ao desenvolvimento continuado dos seus profissionais é uma prática importante, influenciando na alocação de recursos financeiros em seus orçamentos para a formação técnica e gerencial dos seus funcionários. Nesses ambientes, parcerias com universidades, fornecedores e instituições de pesquisa são consideradas como estratégicas, não só para treinamento, mas também como referenciais para a pesquisa e o desenvolvimento dos seus produtos e serviços. Profissionais com titulações em nível de mestrado e doutorado são respeitados e até mesmo contratados para posições-chave na estrutura dessas empresas. Requisitos de formação acadêmica têm forte influência em processos de seleção de pessoal, tanto com candidatos internos como externos.

d. **Simbologia do poder:** a distribuição de poder em estruturas Apolo evidencia a importância da hierarquia nesse ambiente empresarial. Quando a empresa é apresentada a visitantes, sua história, seus norteadores estratégicos, seus produtos e organograma são expostos de forma organizada e clara, valorizando os seus principais executivos. A definição da nomenclatura de cargos é exaustivamente debatida, já que informa aos seus públicos, não só internos, quem é quem na sua estrutura. Tive a oportunidade de participar em um projeto na área de gestão de pessoas para a redefinição de cargos e salários em nível executivo em uma empresa com perfil Apolo. Um novo CEO recém-chegado tentou impor mais informalidade nas relações internas, principalmente entre chefias e subordinados. Sua proposta foi alterar a nomenclatura de Gerente de área para Líder de área. Após muita discussão nos bastidores, essa proposta foi implantada. Durou seis meses. Os executivos envolvidos não aceitavam a nova nomenclatura, principalmente quando utilizada externamente. Alguns depoimentos: "eu não consigo explicar para minha esposa e filhos, eles acham que fui rebaixado na empresa..."; "como Líder de Vendas, apresento-me na empresa em que estou prospectando novos negócios, mas o pessoal quer falar com o Gerente de Vendas...".

e. **Controle**: uma vez que muita energia, conhecimento e referenciais foram utilizados nas fases de planejamento e organização, a fase de execução demanda paralelamente instrumentos e ações que possibilitem o efetivo controle entre o previsto x realizado. O receio de que o projeto ou as atividades se desviem do que foi decidido é muito grande, inclusive sinalizando como gerenciamento incompetente e fora do escopo desejado. Esse sentimento gera a validação de estruturas formais que acompanham a execução dessas atividades, tais como auditorias internas e externas, gerenciamento de projetos e comitês de acompanhamento. A possibilidade de que interesses individuais superem os interesses organizacionais também influenciam na estruturação de empresas Apolo. A segregação de funções, em que a área que planeja não é a mesma que executa, a área que executa não controla e a área que controla não planeja nem executa, é característica desse perfil. Setores como distribuição de energia elétrica, por forte influência de riscos com acidentes graves e impacto dos seus serviços na comunidade, e o setor bancário, por influência de riscos de fraudes e a estratégica integração dos sistemas financeiros nacionais e internacionais, demandam severos procedimentos de controle nas suas operações e estruturas organizacionais.

Empresas com controle de grupos multinacionais, principalmente os de origem norte-americana, encaixam-se no perfil Apolo. Por terem atuação globalizada, com operações distantes do seu *headquarter*, demandam sistemas de gestão com padronização de procedimentos e controles que garantam acompanhamento do desempenho das suas unidades espalhadas pelo mundo, bem como a segurança de retorno dos seus investimentos.

O sistema bancário brasileiro também pode ser utilizado como exemplo de empresas Apolo. Devido ao rígido controle exercido pelo Banco Central, por meio de seus normativos, é exigida para as empresas que atuam nesse segmento a implantação de áreas, sistemas e procedimentos, independentemente das suas reais intenções ou modelos de gestão em vigor.

Finalizando a análise do perfil Apolo – Racional, normalmente, quando uma empresa decide profissionalizar a sua gestão, motivada por resultados que estão aquém do esperado, a situação financeira não é boa, seu líder, normalmente com perfil Zeus, entende que há falta de organização e controle em processos internos, assim como percebe concentração em algumas pessoas de atividades relevantes, é para o perfil Apolo que a empresa se direciona: "tenho que rapidamente organizar a empresa, estou perdendo o controle...".

Na sequência, analisaremos o perfil Atena – Equipe, caracterizado por ambiente mais informal, com baixa influência de relacionamentos por afinidade e confiança, mas sustentado por valorização de atitudes e comportamentos que potencializem a maior participação de indivíduos e equipes na gestão da empresa. Esse perfil não combina com os símbolos de hierarquia e poder característicos de Apolo, bem como com as preferências pessoais e de pequenos grupos, sólidas e atuantes no perfil Zeus.

Um dos pontos relevantes de Atena é a facilidade para enfrentar crises e mudar, mesmo que eventualmente demande exaustivos debates entre os profissionais envolvidos, em função do seu gene, que exige intensa participação. Por não ter grandes amarras oriundas de análises e decisões detalhadas, bem como não valorizar muito os vínculos pessoais entre seus profissionais e o passado da empresa, implantar novos métodos que venham a descontinuar os até então vigentes não causa grandes dores e conflitos.

Também cabe salientar que perfis profissionais mais generalistas nos níveis de gestão encontram espaços favoráveis nesse ambiente, onde a especialização é obtida internamente na configuração das equipes ou externamente por meio da contratação de serviços de terceiros. Ter a posse de soluções não predomina, mas sim a condição de obtê-las e aplicá-las. Normalmente, essas empresas apresentam estruturas mais planas e enxutas, bem como ambientes físicos mais abertos, menos sofisticados e flexíveis. A eliminação de salas individuais, inclusive para os níveis executivos, é uma prática comum.

Algumas características de Atena – Equipe:

a. **Gestão participativa:** aos líderes, impõe-se a necessidade de aplicação de um estilo mais flexível, transparente e com muito envolvimento da equipe, pares, superiores e até mesmo terceiros. Independentemente do nível hierárquico dos participantes de uma decisão, todos têm algo a contribuir. O processo de gestão é menos estratificado, permitindo que membros da equipe opinem e provoquem discussões e questionamentos. É importante destacar que não é um ambiente caótico, pois em determinado momento a decisão é tomada e todos se sentirão satisfeitos, já que contribuíram com as suas posições individuais. Gestores com formação e experiência mais controladora e autoritária sofrem muito para se adaptar a esse meio, principalmente pela provável rejeição da equipe em relação ao seu estilo.

b. **Ênfase na solução de problemas:** são organizações que reagem rapidamente a resultados ou situações adversas, reunindo suas equipes para analisar e propor soluções. A reação inicial é rápida, pecando um pouco durante os estudos e a construção de uma decisão, uma vez que demandam muita participação dos envolvidos. Normalmente, delimitam a amplitude do problema e concentram esforços para resolvê-lo, tomando muito cuidado para evitar divagações e ampliação do escopo, pois veem nesse comportamento ações de fuga ou procrastinação da decisão. Após resolvido o problema, a vida continua não havendo muita preocupação em padronizar procedimentos ou sistemas que possam mitigar novas ocorrências.

c. **Aprendizagem:** o processo de aprendizagem em empresas com a predominância desse perfil não é contínuo. Normalmente, reagem para a busca de novas soluções quando motivados por uma situação importante que demande conhecimentos e experiências específicas. De forma não sistemática, correm atrás de competências não existentes na sua estrutura para obter ganhos que visualizem como oportunidades em curto ou médio prazo. Seja por meio de cursos formais ou identificação de *benchmarking* em outras empresas, com a contratação de consultorias externas, bem como com a rápida criação de uma nova área nas suas estruturas, mas sempre valorizando a introdução e internalização desse novo conhecimento com a participação e chancela das equipes. As iniciativas individuais de cunho isolado são rechaçadas.

d. **Inovação:** o perfil Atena é incentivador da inovação, da busca de novos métodos, sistemas e procedimentos. Há um entendimento implícito no seu processo de gestão que produtos e serviços atuais são meios para o alcance de algo maior. A empresa se perpetuará atualizando-se, aproveitando oportunidades que o mercado e a sociedade oferecem. Ter a capacidade de monitorar o que está acontecendo no mercado é visto como uma importante habilidade nos profissionais que integram essas empresas. A mesma avaliação estende-se aos seus fornecedores. Se estes não estão melhorando ou inovando em relação aos produtos e serviços fornecidos para a empresa Atena, correm o risco de perder o parceiro de negócios.

e. **Dinâmica de poder:** as empresas desse perfil valorizam a informalidade nas suas relações, colocando em segundo plano os símbolos de hierarquia e poder. A hierarquia existe, mas não é exposta de forma que separe quem pode e quem não pode. O poder apresenta-se na capacidade de as equipes demonstrarem competência para tocar as suas atividades e solucionar problemas. A utilização de salas individuais, trajes formais, títulos e outros artefatos que demonstrem quem você é, nos ambientes Atena, é vista como ostentação e motivo para afastamentos no relacionamento com os demais colegas. Menos individualismo e mais compartilhamento com as equipes é o comportamento impulsionador de avaliações positivas de gestores e indivíduos.

No perfil Atena – Equipe identificam-se empresas com gestão mais despojada, sem exigências formais dos seus líderes. Empresas familiares em que os sucessores da terceira geração já estão na sua gestão, normalmente jovens com formação acadêmica recente e experiência em negócios fora do controle da família, por meio de estágios e intercâmbios internacionais, trazem para essas empresas pressão para rápida transformação de Zeus para Atena.

A forma de representação de Atena configura-se como uma rede de conexões das equipes internas da empresa, com a possibilidade de ampliação com estruturas externas. O foco é solucionar problemas e aproveitar oportunidades, independentemente de quem identificou a solução.

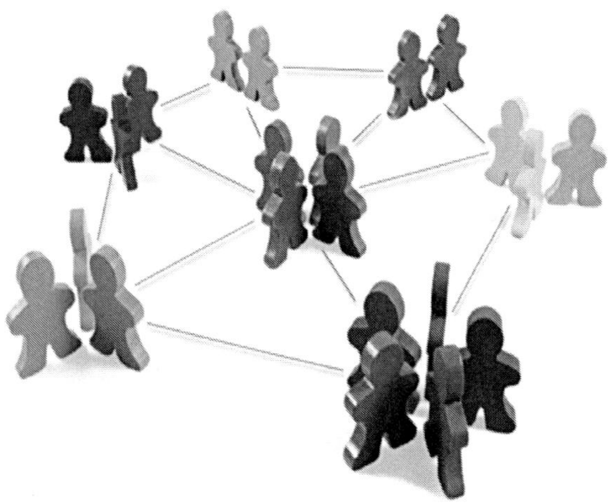

O perfil Atena – Equipe é o que se identifica com empresas de publicidade e propaganda ou de desenvolvimento de software, onde problemas com certa complexidade demandam intensa contribuição dos times, sendo muitas vezes consultores externos e outras empresas parceiras os detentores de metodologia ou solução para a situação em análise. O seu ambiente interno não exige das equipes total domínio de conhecimentos e experiências, mas sim a capacidade de encontrá-los e aplicá-los na empresa.

Considerando que a sociedade de forma geral está eliminando alguns símbolos de formalidade e hierarquia, exemplificando, uso de gravata e utilização de expressões como Doutor e Senhor nas relações interpessoais, o perfil Atena, em relação a Zeus e Apolo, aproxima-se muito do perfil de empresa desejado pelas novas gerações.

Finalizando, Charles Handy apresenta-nos o perfil Dionísio – Individualista, identificado como empresas que são fortemente dependentes de conhecimentos, experiência e comportamentos dos seus integrantes. Tem como fundamento a oferta de produtos e serviços com significativo atributo de conhecimento. É gente transmitindo conhecimento para gente. Portanto, requer dos profissionais integrantes dessas empresas constante aprendizagem e motivação para entregar efetivamente o produto e os serviços aos seus clientes. Diferentemente de uma loja onde você foi pessimamente atendido, mas conseguiu comprar a camisa que tanto queria, empresas Dionísio dependem diretamente do "vendedor", já que ele é quem possui o conhecimento desejado pelo cliente. Setores como ensino, bancas de advogados, escritórios de consultoria, consultórios de odontólogos ou médicos enquadram-se nesse perfil. Por maior que possa ser a marca ou estrutura em que esses serviços estão instalados, a efetiva entrega acontece com gente disponibilizando o seu conhecimento e motivação para outras pessoas.

Normalmente, os indivíduos, independentemente dos seus cargos ou níveis hierárquicos, possuem *expertises* relevantes para os seus clientes e operação interna da empresa, sem afinidade com requisitos formais, como controle de horário, espaço físico definido para trabalhar, títulos de cargos e trajes formais. Atualmente, podemos afirmar que as *startups* apresentam configuração aderente ao perfil Dionísio, demonstrando grande flexibilidade na relação com funcionários, fornecedores e clientes.

> "Assim como as crianças aprendem a cultura da sua família observando os pais, novos membros aprendem a cultura de uma empresa observando os seus líderes."
>
> *FRED KOFMAN*

Algumas características de Dionísio – Individualista:

a. **Dinâmica de poder:** aprofunda-se nesse perfil o poder concentrado no nível de conhecimento que os indivíduos possuem e sua relevância para o negócio e mercado. Simbolismos configurados por artefatos ou formalismo no tratamento entre as pessoas são desprezados, até mesmo podendo provocar rompimentos nos relacionamentos. É normal, ao visitarmos empresas com a predominância desse perfil, termos dificuldade em identificar quem são "os chefes", já que os artefatos pouco indicam sobre essa posição, assim como o jeito de vestir das pessoas. O poder de influência concentra-se no que os indivíduos podem ofertar para solucionar problemas ou criar soluções.

b. **Gestão de pessoas:** esse perfil Dionísio requer grande flexibilidade nas políticas e práticas de gestão de pessoas. Sistemas muito rígidos e com limitações à independência individual encontram forte resistência nesses ambientes. Flexibilidade de horário, jornadas *home office* e adoção de soluções inovadoras fazem parte desse ambiente. Há o entendimento de que essas pessoas são maduras e sabem dos seus compromissos na empresa, não necessitando de alto controle e instrumentos que regulem os seus comportamentos. São empresas que valorizam o desenvolvimento profissional, com ênfase na aprendizagem individual. Sistemas de remuneração contemplam desempenhos superiores, procurando deixar claro para todo o grupo o que os diferencia. Para as lideranças, o grande desafio é equilibrar as diferenças e expectativas individuais, considerando limitações naturais que qualquer negócio possui.

c. **Solução de problemas:** possuem grande capacidade para direcionar atenção e energia para resolver problemas, mesmo que as jornadas de trabalho se estendam. O importante é achar uma solução única e diferenciada, possibilitando reconhecimento de outros pela qualidade e importância do achado. Profissionais que se identificam com o perfil Dionísio veem nos problemas a real oportunidade para demonstrar sua competência, orgulhando-se do que a empresa conseguiu conquistar, mesmo que eles não estejam na apresentação final ao cliente: o que importa é que as minhas digitais estão lá, e os meus colegas sabem disso...

d. **Planejamento:** normalmente, o perfil Dionísio apresenta descrédito a atividades estruturadas de planejamento, organização e controle. São empresas com forte atributo de autoconfiança na sua capacidade de realizar, apresentando em algumas situações comportamento contraditório: vendem para os seus clientes métodos de planejamento, mas não os aplicam internamente. As empresas Dionísio apresentam um histórico de rápida ascensão, com saltos relevantes nas suas taxas de crescimento e geração de resultados, encorajando-as a enfrentar as oportunidades na medida em que elas apareçam. Uma das dificuldades que enfrentam é o seu crescimento estrutural de forma desordenada, desequilibrada, resultando em evolução para uma operação cara, com a adição de custos que colocam em risco a continuidade do negócio.

e. **Liberdade com maturidade:** esta certamente é a característica principal do perfil Dionísio: sentir-se livre para pensar, atuar e entregar os seus produtos e serviços. Ter uma causa maior que não está apenas nas suas entregas é o combustível que acelera o desenvolvimento dessas organizações. Como normalmente são empresas que rejeitam regras, normas, estruturas e controles formais, a maturidade dos seus profissionais para atendimento aos compromissos com colegas, empresa e clientes sustenta essa relação de confiança e credibilidade. A derrubada de paredes internas, a não exigência de cumprimento rígido de horário, a possibilidade de atuar em regime *home office* e o benefício de ter disponibilidade de tempo para realizar atividades particulares vêm crescendo como prática nas empresas Dionísio.

Podemos afirmar que as atuais *startups* são organizadas com o perfil Dionísio, incentivando a liberdade individual e a constante inovação, onde as suas entregas são construídas e realizadas por meio de total envolvimento dos seus profissionais, preferencialmente sem repetição de formas e ações. Criatividade e tolerância aos comportamentos é o que se respira no ar dessas empresas.

Abaixo, temos a figura que representa o estilo Dionísio – Indivíduo. Semelhante ao estilo Atena, o Dionísio tem a formação em rede, mas com um importante diferencial: conexões de indivíduos.

Concluindo, Charles Handy alerta-nos que, normalmente, dois dos quatro perfis analisados têm predominância no caldo cultural das empresas, sendo que os outros dois existem, mas com menor intensidade. Dependendo da combinação entre os dois mais preponderantes, conseguimos diagnosticar o estilo de gestão e liderança das empresas, permitindo-nos intervir para evoluir na sua cultura organizacional, direcionando-a para o perfil desejado pelos seus gestores.

Quando encontramos três deuses dividindo os espaços com intensidades semelhantes, podemos afirmar que essa empresa está com um líder novo em nível de direção, há no mínimo dois anos, que vem colocando o seu jeito de administrar em confronto com algumas regras até então vigentes. Outra situação que justifica esse posicionamento dos três deuses é quando a empresa vem sofrendo série crise, seja financeira ou societária, ocasionando muitas decisões imediatistas e conflitantes entre os seus diretores, bem como com os fatores culturais até então validados no seu ambiente.

Também percebo a rápida caminhada das organizações empresariais no sentido Zeus – Apolo – Atena – Dionísio, sendo que já identifico muitas empresas navegando muito bem entre Apolo e Atena, com a diminuição da tradicional cultura gerencial do comando-controle. Ambientes mais leves, mais flexíveis em relação à simplicidade, diversidade e informalidade, vêm crescendo nas empresas brasileiras.

Aproveito para fazer uma previsão: até 2025 estaremos contando histórias de como era importante utilizarmos gravatas no ambiente empresarial, assim como em algum momento nossos avós usaram chapéu como vestimenta normal para os homens e mulheres.

Assim como vimos o modelo de Charles Handy como um referencial para diagnosticarmos o perfil cultural de empresas, a seguir, outras formas que ajudam na gestão da cultura organizacional:

a. ***Políticas de Gestão de Pessoas:*** identificar as reais regras vigentes para contratação e promoção de pessoas; analisar a estrutura salarial e de cargos com as suas estratificações de níveis e remuneração; entender como são selecionados e indicados os funcionários e executivos para atividades de treinamento e desenvolvimento; levantar quais os reais critérios para escolha de sucessores em cargos de gestão; há a clara identificação e tratamento entre profissionais e executivos por meio de títulos como doutor, engenheiro,...

b. ***Processos de Comunicação:*** analisar como as informações relevantes do negócio são divulgadas. Existem cortes ou moderação na divulgação dessas informações? Elas objetivam alcançar todos os níveis da empresa ou apenas os níveis superiores? Os meios são valorizados ou são colocados de forma desorganizada na intranet da empresa? Os líderes são o principal canal para a comunicação às equipes? Na ocorrência de sinistros ou conflitos externos, a empresa coloca "a cara para bater" ou adota a "conduta avestruz"? Os funcionários dão credibilidade às informações recebidas?

c. ***Organização do Processo de Trabalho***: é um ambiente onde móveis, arranjo e espaço de salas diferenciam os *status* das pessoas ou equipes? Há a exigência no uso de uniformes e trajes formais como jeito de vestir na empresa? Os processos são muito picotados, demandando a participação frequente de setores ou ações de controle? Existem espaços na empresa validados por líderes para as equipes pensarem e implantarem melhorias no seu trabalho? Os cargos são mais especialistas ou generalistas?

d. ***História da empresa***: fatos importantes acontecidos no seu passado que tiveram forte impacto, tanto positivo como negativo, nos possibilita identificar comportamentos atuais que estão enraizados no jeito de ser da empresa. Leitura de livros sobre a empresa, se existirem, documentos e entrevistas com pessoas que fundaram ou participam da empresa desde os seus primeiros passos nos trazem muitas informações ricas para entender o momento atual da empresa. Interessante é que encontramos algumas situações em que decisões são tomadas com segurança, considerando fatos ocorridos muitos anos atrás, mesmo que os decisores não estivessem na empresa naquele momento. *Quando meu avô tomou um empréstimo no banco para construir a fábrica, quase quebramos. Minha mãe conta que a família passou por sérias dificuldades, inclusive vovô teve de vender a casa onde moravam, portanto, a ampliação da nossa fábrica no ano que vem deverá ter apenas como fonte os nossos recursos próprios...*

e. ***Processo de socialização de novos membros***: como novos funcionários são integrados à empresa e às equipes de trabalho? Como novos gestores são apresentados e integrados às suas equipes e pares? Existem tratamentos diferentes para alguns nessas integrações? Em datas de aniversário de profissionais e executivos, como são comemoradas na empresa? Quem são os convidados para a festa de aniversário do diretor? A utilização de títulos formais na comunicação entre executivos e funcionários, tais como doutor, senhora e engenheiro, sinaliza o nível de formalidade na relação entre as pessoas.

f. ***Observação em Reuniões de Gestão***: como as reuniões são convocadas? Existe um sistema já implantado com pautas e registros das decisões e encaminhamentos? Quem realmente participa, opinando e liderando as reuniões? Elas têm como prevalência a comunicação de informações ou também incluem decisões? Existe efetivo seguimento sobre o que foi decidido ou morre ao final da reunião? O ambiente permite discordar do rei ou da rainha? Lugares não previamente marcados para sentar, tratamento sem títulos entre os participantes e o conflito de ideias estimulado caracterizam ambientes mais informais de culturas menos controladoras.

Para profissionais que se interessam por esse tema complexo, mas de enorme relevância no resultado de empresas e pessoas, temos neste capítulo instrumentos suficientes para a aplicação de forma planejada e estruturada de projeto com o objetivo de diagnosticar o perfil cultural de uma empresa, organizar ações que possam modificar esse perfil para arranjos desejados, bem como gerenciar a eficácia da cultura organizacional vigente em relação a estratégias implantadas ou a implantar.

> "A cultura organizacional come a estratégia no almoço."
>
> *PETER DRUCKER*

Finalizando, quando falamos sobre cultura organizacional, estamos nos referindo aos comportamentos realmente praticados e não aos lindos discursos proferidos pelos seus líderes ou as frases muito bem escritas e fixadas nas paredes das empresas.

CASO 3:

SITUAÇÃO:

Eu tive a oportunidade de trabalhar em uma empresa no segmento industrial considerada referência no seu processo de gestão, com intensa organização, padronização e busca incessante por melhoria de qualidade e produtividade – perfil Apolo, com certeza. Empresa com instrumentos de gerenciamento eficazes e controles efetivos que permitiam um domínio diferenciado sobre a gestão das suas operações industriais e administrativas. O mercado, de forma geral, a tinha como referência para aprendizagem e modelo a ser copiado. Decorridos aproximadamente dez anos da minha saída dessa empresa, encontrei um ex-colega que eu não via desde quando deixara a empresa. Ele imediatamente puxou-me para tomarmos um cafezinho e começou a despejar suas angústias daquele momento. Havia seis meses que ele estava atuando como Diretor Administrativo-Financeiro em uma agência de publicidade e propaganda, após 25 anos de atuação na empresa Apolo onde nos conhecemos. Ele foi indicado por um headhunter e imediatamente aprovado pelos sócios da nova empresa. Esses sócios colocaram para ele a imediata necessidade de organizar a casa, já que não possuíam planejamento, orçamento operacional, planos de investimentos e padrões para os seus procedimentos internos. Enxergaram nele um profissional com farta experiência para mudar o perfil de gestão da sua agência.

PROBLEMA:

Ele não estava conseguindo realizar o que foi inicialmente afirmado como importante expectativa dos sócios e demais líderes da empresa. Os próprios sócios tinham enorme dificuldade para alocar tempo em atividades de organização e planejamento. Discursavam ser importante, mas tinham uma rotina descolada de agendas previamente definidas. Entendiam que elaborar um orçamento com detalhamento de previsões de despesas e receitas era muito chato e muito difícil de ser obedecido. Seus líderes eram avessos a escrever minimamente os padrões referentes aos procedimentos das suas áreas, na verdade, seus profissionais eram muito criativos e alteravam constantemente a forma de proceder. Meu ex-colega transformou o cafezinho em uma sessão de mentoria de duas horas, desabafando que a empresa era esculhambada, não tinha o mínimo de organização e certamente quebraria ali na frente. Certamente, eu estava à frente do tradicional conflito entre Apolo e Dionísio, onde o primeiro entende padronização e controle como essencial na gestão das empresas, mas o segundo valoriza mais a independência individual, a criatividade e as soluções inovadoras. Interrompi o seu forte relato e manifestei minha posição de contrariedade em relação ao seu julgamento sobre a empresa. Era de conhecimento de mercado que ela apresentava ótimos resultados, com importante carteira de clientes e inclusive estendendo sua atuação para o mercado de São Paulo. Concluímos nosso cafezinho com minha fala de que ele é quem estava errado em fechar-se no seu jeito Apolo de administrar e não abrir sua cabeça para entender o jeito diferente do seu novo ambiente de trabalho. Certamente, a empresa necessitava de melhorias no seu sistema de gestão, mas não ao ponto de perder sua identidade cultural e tornar-se "outra empresa", diferente da do sonho dos seus sócios e líderes. Fui pragmático com ele: ou você muda e procura integrar-se ao jeito de ser da agência, e só após entender o seu jeito atual iniciar a introdução de novas práticas, ou certamente você ficará por pouco tempo por lá. Passados três meses, ele me ligou informando que tomara a iniciativa de sair para outro desafio.

APRENDIZAGEM:

Dependendo das diferenças nas nossas crenças, convicções, valores e preconceitos em relação a ambientes organizacionais e sistemas de gestão, adotamos comportamentos excludentes em relação a outras formas de organizar uma empresa. Cegamos para oportunidades e contribuições que poderíamos avaliar e, se assimilássemos positivamente, faríamos a tentativa de aprendizagem e adoção. As diferenças que encontramos entre as empresas inicialmente alimentam nosso olhar crítico de reprovação e consequente rejeição, deixando em segundo plano a potencial identificação de oportunidades que certamente qualificariam nosso desempenho. O choque cultural, mesmo que não muito claro em um primeiro momento, pode influenciar negativamente nosso crescimento profissional.

CONCLUSÃO:

Esse profissional, apesar dos seus mais de 25 anos de experiência em empresa considerada referência no mercado, onde alcançou nível de diretoria, não se deu conta que as diferenças culturais fazem parte do mundo dos negócios, portanto, verdades em um determinado ambiente podem ser consideradas como desnecessárias ou até mesmo prejudiciais em outros ambientes. Saber fazer essa leitura é alicerce importante para os profissionais que desejam alcançar novos patamares no seu desenvolvimento profissional.

VAMOS CONVERSAR?

1. Escolha uma empresa que você conheça, seja porque é cliente ou trabalha nela. Identifique qual o perfil cultural dominante, procurando justificar com algumas evidências.

....

....

....

....

....

2. Considerando esse perfil que você identificou, que ações em Gestão de Pessoas você sugere para minimizar potenciais conflitos de natureza cultural quando da seleção de novos gerentes e diretores?

....

....

....

....

....

Anotações:

....

....

....

....

....

....

4.

Dinâmica do Poder, O Que tem a Ver com Você?

Em muitos ambientes empresarias é proibido falar abertamente sobre o tema "poder". O receio que alguns profissionais têm de serem mal interpretados ou até mesmo de gerar discordâncias e avaliações negativas direciona esse tipo de conversa para acontecer de forma reservada em pequenos grupos.

No momento em que duas ou mais pessoas passam a conviver em um mesmo espaço, seja ele físico, de *status* ou no campo das ideias, o potencial de posicionamentos divergentes aumenta, gerando conflito entre as partes envolvidas. Admitir que a dinâmica de poder faz parte do relacionamento entre adultos, principalmente dentro das empresas, passou a ser entendido como um diferencial de maturidade no relacionamento interpessoal entre colegas. Nas empresas, esse posicionamento está acontecendo com maior intensidade, principalmente nos níveis gerenciais e de direção dos negócios. Relações mais transparentes, abertura para posicionamentos divergentes e modos mais informais de exercer o poder têm sido entendidos e incentivados nos fóruns internos.

Estruturas hierárquicas, sistemas de controle interno e formalização de processos são formas de estabelecer níveis de responsabilidade e autoridade para pessoas, departamentos e órgãos assessores. Esses mecanismos definem até onde os grupos podem decidir e implementar ações na organização, resultando em um sistema de poder a ser respeitado e seguido por aqueles que atuam nessa empresa. Por outro lado, a formalização também indica a existência de instrumentos de controle organizacional, visando definir espaços, limites ou fronteiras para as interações internas e externas e a distribuição de autoridade para o que e quem pode questionar, decidir e realizar.

Em situações em que um profissional é formalmente empossado como responsável pela condução de tarefas, projetos, orçamento e pessoas, sua representação oficial no organograma da empresa é a afirmação da sua posição, com autoridade para agir na abrangência do escopo definido para o seu cargo. A empresa, por meio dos seus órgãos superiores, lhe dá o poder para agir em seu nome, tanto interna como externamente. Há profissionais que nesses momentos demonstram pouco preparo para essa missão, julgando que por terem um cargo formalmente institucionalizado pela empresa naturalmente terão seguidores das suas ideias e decisões.

É importante salientar que a formalização de uma posição de gestão, com autoridade atribuída ao ocupante, não significa o imediato reconhecimento dele como um líder da equipe e demais colegas. A sua aceitação se confirmará por meio da sua atuação e forma de relacionamento com os outros. Aliás, quando esse processo não é bem conduzido, podem ocorrer problemas na estruturação de departamentos nas organizações. Isso ocorre porque ainda selecionamos gestores apenas pela sua capacitação técnica e a efetividade nas suas entregas, não dando a devida atenção às competências comportamentais e como elas são aplicadas para obtenção dos seus resultados.

A resultante dessas decisões com enfoque técnico é que, em muitos casos, os gestores têm o poder a eles atribuídos oficialmente pela empresa, mas, na prática, com baixa aderência e comprometimento de seus liderados. Geralmente, refletem o exercício do poder de forma autoritária, com pouco espaço para a participação da equipe, caracterizando um ambiente pesado para todos os envolvidos. Outro ponto a salientar é que em algumas oportunidades esses profissionais demostram grande dificuldade para tomar decisões, responsabilidade inerente ao cargo recebido, demonstrando frequentemente insegurança e morosidade no seu processo gerencial, o que acaba causando frustração tanto para aqueles que o promoveram como para eles próprios.

> "Dê poder a um homem, e descobrirá quem ele realmente é."
>
> *NICOLAU MAQUIAVEL*

O oposto dessa caracterização é o exercício do poder por meio das capacidades e habilidades que alguns profissionais desenvolvem para influenciar outras pessoas na direção de conquistas referentes a desejos comuns aos participantes. Essa influência será constituída por meio da experiência, conhecimentos e habilidade de relacionamento interpessoal, que credenciam a concentração do poder em uma pessoa, visto que essa conquista baseia-se na diferenciada competência técnica e comportamental que ela possui, refletindo em confiança e comprometimento dos colegas pelo seu poder de resolver problemas difíceis e de interesse de todos.

Em empresas menores de desenvolvimento de software ocorrem sérios problemas quando existe a concentração em uma ou duas pessoas para a atividade de programar e validar soluções em TI, descuidando-se de exigir o compartilhamento com colegas ou até mesmo o registro formal dos respectivos programas. Demandas posteriores de melhoria ou manutenção do software ficam extremamente dependentes desses dois profissionais, oportunizando a eles o poder para requerer benefícios diferenciados da empresa, seja por meio da remuneração ou concessões em regras comuns aos demais colegas.

Essa situação agrava-se quando esses profissionais resolvem sair da empresa e constituir seu próprio negócio, levando consigo importante patrimônio de conhecimento estratégico de produtos já colocados no mercado, colocando em risco a condição de a empresa manter o nível de serviços com agilidade e segurança aos seus clientes. Nessas situações, é comum clientes migrarem rapidamente para a nova empresa estruturada pelos profissionais que realmente dominam o funcionamento do software, tanto para necessidades de manutenção como de desenvolvimento do sistema.

Como fator de influência, podemos destacar também o poder de posse material, representado por alguém que tenha bens, recursos financeiros, contratos ou outros ativos que criam dependência de outros em relação à sua participação. Em composições societárias, é comum encontrarmos um dos sócios com maior influência nas decisões por deter recursos financeiros importantes, ativo fundamental para a operação e o crescimento da empresa, mesmo que esse sócio não tenha bom relacionamento e aceitação dos demais.

O poder de posse pode afetar drasticamente a continuidade de negócios, caso não seja dada a devida importância em mitigar os riscos envolvidos no momento em que conflitos ainda não estão acontecendo. Ter a percepção do momento adequado para agir de forma construtiva, obtendo a coesão dos envolvidos, é uma habilidade importante para equilibrar a dinâmica de poder nas organizações.

O poder e o controle atuam de forma conjunta e dependente nos ambientes organizacionais, definindo formal ou informalmente quem são os reais decisores e influenciadores na vida das empresas. Podemos afirmar que as empresas são campos férteis para a demonstração de relações de poder entre pessoas e grupos, expondo diferenças de tratamento, níveis desiguais de tolerância a erros, critérios de promoções e validação dos "melhores" baseados em preferências nos relacionamentos, entre outras formas de demonstrar quem manda e quem obedece.

O relacionamento entre as pessoas é uma das formas que tem grande significado quando falamos em Poder nos ambientes empresariais. Fatores como confiança, afinidade e credibilidade que algumas pessoas ou grupos conquistam no meio em que atuam resultam em pesos importantes na avaliação de outros em relação à relevância que a elas é atribuída. Suas ideias, manifestações e decisões são vistas como definitivas e irreparáveis, inibindo iniciativas de contestações e até mesmo correções de posicionamentos errados que possam estar adotando.

É importante observar que esses comportamentos de submissão podem levar os grupos não detentores do poder a realizar tarefas que não entendam como eficientes e corretas, mas o fazem sem reclamar para não abrir espaços de conflitos e possíveis punições advindas dos grupos dominantes.

> "Todos os animais são iguais, mas alguns são mais iguais do que outros."
>
> *GEORGE ORWELL.*

Outro modo de influência encontrado nas empresas refere-se ao domínio tecnológico. Quando poucas pessoas controlam recursos importantes para a operação da empresa ou dos seus produtos, seja por um conhecimento específico ou por terem domínio especializado em determinada técnica, há o risco de essas pessoas criarem para si uma imagem de intocáveis e soberanas nos seus atos e decisões. Conflitar com essas pessoas poderá levar a empresa a correr riscos que podem prejudicar intensamente o seu desempenho.

Por último, gostaríamos de salientar sobre o exercício de poder por meio do controle e divulgação de informações relevantes sobre o negócio, permitindo aos seus controladores definirem quais profissionais acessarão essas informações, bem como os seus níveis de detalhamento. Em algumas situações, encontramos pessoas com maior afinidade e credibilidade com o Diretor, mesmo não detentoras de cargos executivos, possuidoras de informações relevantes e até mesmo sigilosas obtidas em espaços informais que permitem o acesso em primeira mão, antes mesmo dos executivos da empresa.

Na década de 1970, o pesquisador holandês Geert Hofstede realizou estudos a partir da solicitação de uma grande multinacional norte-americana, com operações na Europa, Ásia e América do Sul. Executivos dessa empresa apresentaram a Hofstede uma situação-problema que se configurava no por que funcionários dessa empresa, após forte treinamento e convivência com colegas na matriz localizada nos EUA, ao retornarem às suas bases locais, não realizavam suas atividades conforme os padrões definidos e aprendidos na matriz. Suspeitavam inicialmente que era um comportamento de contestação dos funcionários locais em relação aos que transitavam na sede principal da empresa.

Após extensa pesquisa, em que foram coletadas informações de aproximadamente 115 mil funcionários, sendo 1.800 residentes no Brasil, Hofstede identificou que nesse processo havia o envolvimento de dimensões culturais nacionais com intensidades particulares de cada local, originárias de suas respectivas trajetórias históricas e influências recebidas de outros povos desde a sua origem. Essas dimensões têm forte impacto na forma que sociedades interpretam regras, decisões e maneiras de proceder, adaptando-as aos seus costumes e valores locais como forma de melhor praticá-las e não conflitar com referenciais das suas culturas.

Uma das dimensões identificadas refere-se ao quanto as sociedades aceitam ou não a existência de hierarquia na sua estrutura para que decisões e proposições sejam realizadas e validadas socialmente. Hofstede denominou de Distância ao Poder, ou seja:

a. As sociedades identificadas com alta distância ao poder possuem comportamento de aceitação de que o poder seja distribuído desequilibradamente em estruturas políticas, organizacionais e sociais; aceitam com naturalidade a hierarquia, assim como o poder concentrado em poucas pessoas. Essa aceitação amplia-se a comportamentos de desejo da existência de cargos formais e clareza nas linhas de subordinação. *Quem é o Gerente aqui nesta loja?*

b. As sociedades identificadas com baixa distância ao poder apresentam comportamento de rejeição à hierarquia, não aceitam desigualdades sociais ou políticas, exigindo participação igualitária e ativa na elaboração e implementação de decisões. Exigem a participação de todos os envolvidos, independentemente de níveis hierárquicos existentes na estrutura organizacional. *As regras são para todos!!!*

O Brasil apresentou escore que o classificou como uma sociedade com alta distância ao poder, sendo que pesquisas realizadas posteriormente confirmaram esse posicionamento, destacando-se a iniciativa de Betania Tenure, Doutora em Administração pela Brunel University – Inglaterra, especialista em cultura organizacional e *cross cultural management*, realizada em 2003. É importante ressaltar que esses traços culturais relativos a nações têm o seu processo de mudança muito lento, já que demandam evoluções contemplando gerações.

Algumas características desse *status* influenciam diretamente a dinâmica de poder nas organizações brasileiras, tais como:

a. A hierarquia é existencial, onde o chefe ou diretor é chefe dentro e fora da empresa, sendo tratado pelo seu nível hierárquico pelos subordinados, inclusive em encontros informais fora do local de trabalho; *é doutor na empresa, é doutor na rua...*

b. Os subordinados apresentam baixa iniciativa para realizar atividades que demandem adequações ou correções, por menor que elas possam demandar, aguardando a aprovação da chefia para dar seguimento às suas propostas de melhorias*; não vou arriscar a minha pele, não ganho para isso...*

c. Em momentos de crise, em razão de erros ou reclamações de clientes, estes só aceitam falar com o gerente para realmente resolver o seu problema, mesmo que tecnicamente um operador tenha mais condições técnicas para resolver; *quero falar com o gerente para resolver este problema...*

d. Existe e valida-se a grande dependência de pessoas de outras com mais poder, mesmo não gostando da decisão tomada. Há o entendimento de que é o gerente quem deve decidir; *afinal de contas, ele ganha para isso...*

e. A centralização de decisões em níveis hierárquicos superiores é até esperada, mesmo com a possibilidade de participação dos operadores; prevalece o comportamento de empurrar para cima, não correndo o risco de decidir; *ao final da reunião, todos olham para o gerente, esperando sua decisão...*

f. O relacionamento com as pessoas certas, detentoras do poder, normalmente superam obstáculos ou critérios mais técnicos para a obtenção de favores ou promoções; *ser amigo do rei ou da rainha faz diferença....*

Sabemos que o ambiente empresarial brasileiro vem se modernizando com a derrubada de salas, o início de oportunidades de efetiva participação em decisões de funcionários não detentores de cargos de gestão e a simplificação de títulos de cargos e símbolos formais que fortalecem a hierarquia em ambientes organizacionais. No entanto, a maioria das nossas empresas está estruturada com referenciais de concentração de poder, sempre lembrando que poder de liderar não se compra, a oportunidade é recebida pelo gestor e referenciada pelos outros no momento que ele conquista a confiança destes, naturalmente.

Uma das práticas de manipulação utilizadas é quando queremos agilizar a execução de uma tarefa. Basta dizer ao colega: *o diretor está esperando que eu leve para ele o relatório da sua área que ele apresentará na reunião de hoje à tarde. Portanto, por favor, entregue-me em uma hora....*

Usar o nome do diretor para resolver necessidades pessoais é um exemplo muito rico de exercício do poder da hierarquia em ambientes organizacionais. O interessante é que muitas vezes a dita reunião não acontecerá e o próprio diretor não solicitou o tal do relatório. Respeitando as possíveis diferenças, ainda vemos como campo fértil a utilização desta afirmação: *aqui manda quem pode e obedece quem tem juízo.*

"Você sabe com quem está falando...?"

DITO POPULAR

Outra abordagem relevante em relação ao tema Poder refere-se à evolução dos negócios, quando no seu ciclo natural de crescimento a empresa vai se tornando mais complexa e obtendo dimensões impossíveis de serem geridas apenas pelo seu fundador. Na medida em que ela ocupa espaços importantes no contexto em que atua, a interferência da variável concorrência aumenta já que o seu desempenho começa a absorver fatias importantes do mercado em que outras também estão participando, portanto, tornando-se alvo de reações que têm a intenção de estabilizar o seu crescimento ou até mesmo imputar situações críticas para sua perda de valor e espaço no mercado.

Com o crescimento do volume de negócios, faz-se necessária a significativa melhoria na gestão financeira da empresa; seu ciclo financeiro torna-se mais vultoso, exigindo competências especialistas para a gestão eficaz com instituições financeiras, análise de investimentos, concessão de crédito a clientes, entre outras demandas.

Também os impactos nas suas relações trabalhistas com funcionários, sindicatos de trabalhadores e órgãos fiscalizadores exigem conhecimentos especialistas e apoio jurídico na análise e elaboração de contratos, acordos e convenções coletivas. Decisões nesse campo passam a influenciar resultados econômicos em curto e longo prazo, diferentemente de momentos anteriores em que poucos participavam do quadro de funcionários da empresa, portanto necessitando de gerenciamento mais simples.

A gestão tributária chega mais forte para o dia a dia da empresa, obrigando-a a seguir determinados requisitos legais que não eram necessários quando operava os seus negócios em dimensão menor. A exposição a riscos aumenta, obrigando o diretor fundador adotar práticas e realizar despesas de que não gostaria, mas exigidas por órgãos reguladores e fiscalizadores.

Essas afirmações sustentam que em algum momento do ciclo de crescimento das empresas a profissionalização, por meio da chegada de gestores e técnicos, passa a ser obrigatória. Mesmo que o proprietário da empresa resista a essa decisão, o andar corrente da empresa imputará uma agenda caótica para ser cumprida isoladamente, sendo que o não atendimento a essas demandas coloca no caminho do empreendimento sérios riscos para sua continuidade.

No estágio 1 de crescimento da empresa, podemos afirmar que o fundador consegue estar em todas as frentes de relacionamento e decisão, mesmo que tenha uma pequena equipe de funcionários, a grande maioria das decisões está centralizada com ele, bem como o controle da execução acontece por meio da sua presença física e autorizações pessoais. Configura-se a fase de *Centralização do Poder.*

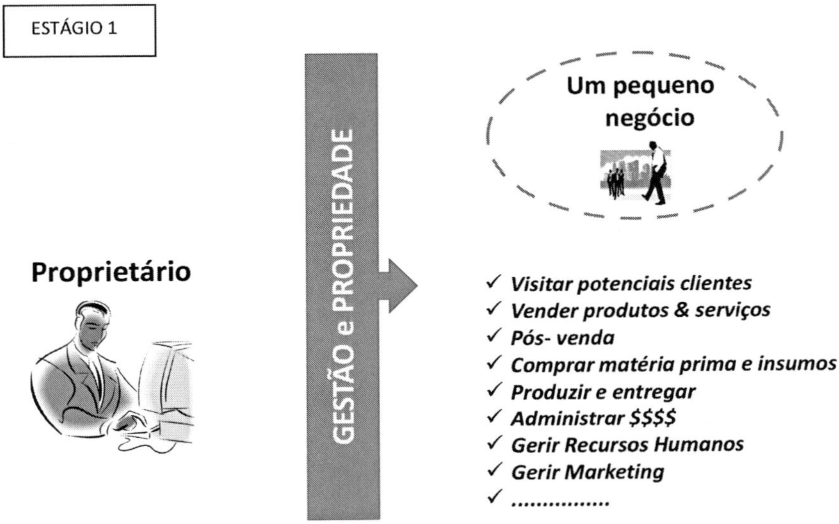

O estágio 2 toma forma quando o proprietário decide formalizar um nível gerencial para apoiá-lo na administração da empresa. Geralmente, esse primeiro passo acontece com a contratação de um profissional com perfil Administrativo-Financeiro, complementando com o ingresso de outros gestores conforme necessidades específicas de cada empresa. Cabe salientar que, em algumas oportunidades, esses gerentes podem ser integrantes da família, iniciando-se o ingresso embrionário de sucessores no negócio. Nessa fase, ocorre o primeiro confronto de estilos gerenciais, pois por mais que o proprietário e os novos gerentes sejam próximos, não elimina a forma que cada um se posiciona em relação às decisões e tarefas pertinentes ao ambiente da empresa.

A delegação de poder para que o proprietário possa se desafogar do dia a dia da empresa torna-se um desafio enorme para o próprio fundador. Ele tem plena consciência de que não consegue mais tocar o negócio em todas as frentes, mas desapegar-se das decisões e realização das tarefas não é fácil. A validação dessa fase normalmente é dolorosa, coberta de desconfiança e controles excessivos. Se não acontecerem rodadas de muita conversa e busca de alinhamento, uma das partes rompe a relação, seja o proprietário demitindo o profissional, ou este afastando-se da empresa. Quando envolve filhos, certamente problemas maiores se aproximam. Configura-se a fase de *Compartilhar o Poder.*

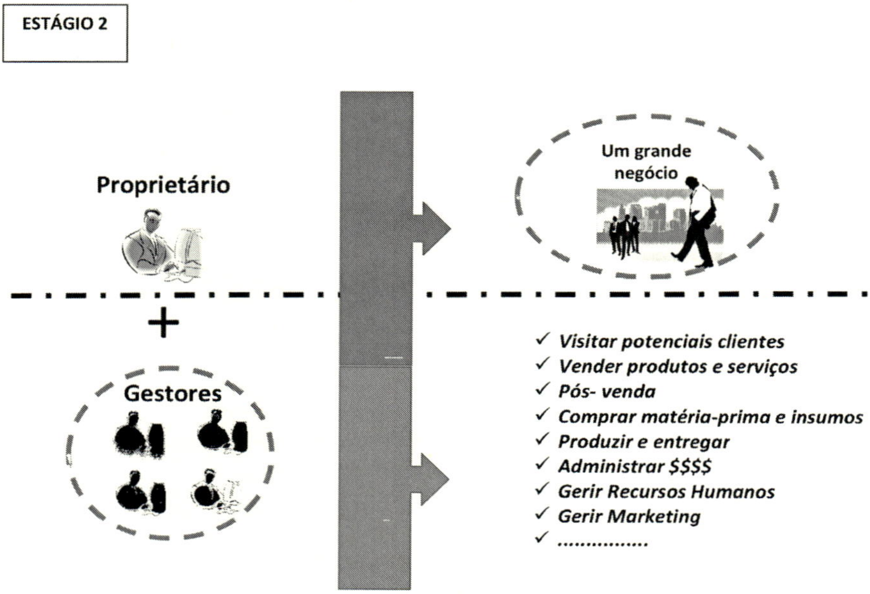

Finalizando, passados alguns anos, problemas de integração e organização da profissionalização foram superados, resultados positivos acumularam-se possibilitando que a ampliação dos negócios do fundador e família acontecesse. A empresa cresceu, assumiu parcela importante do seu mercado e outras áreas foram criadas na sua estrutura organizacional. Não é mais um negócio isolado. Hoje é chamado de Grupo Empresarial ABF, com mais quatro unidades de negócio operando a pleno, além da empresa de origem. A gestão das empresas está nas mãos de executivos desenvolvidos internamente e também contratados no mercado. Aquele fundador mantém o controle societário dos negócios, continuando no papel de proprietário, mas agora bem distante do gerenciamento do negócio. Por meio do conselho de administração e outros órgãos de suporte à governança das suas empresas, o proprietário procura influenciar estrategicamente o futuro do grupo empresarial, bem como mitigar riscos inerentes às operações complexas que se consolidaram na administração das empresas do grupo. Esse estágio consolida a separação de Propriedade e Gestão. Denomino esse estágio de *Delegação do Poder*.

Surgem de forma muito clara dois grupos de poder:

- **Propriedade**: dono da empresa, com o interesse no seu crescimento sadio, seguro e com adição de valor ao grupo empresarial; deixa de exercer o poder da execução operacional e nas decisões referentes à gestão efetiva da empresa. Na verdade, a delegação é plena, suportando-se o proprietário de alguns órgãos e instrumentos de controle, tais como planejamento estratégico, auditoria externa, conselho fiscal e de administração, relatórios periódicos de resultados, entre outros. Praticamente, ele passa a ter três grandes focos: a. o recebimento de parcela do lucro, por meio da distribuição de dividendos; b. obter o aumento de valor das empresas, configurando-se como valorização do seu patrimônio; c. ter liquidez e receber esse valor quando na oportunidade de venda desses ativos. Em algumas situações, um quarto foco torna-se relevante: oportunizar que sucessores oriundos da família participem na gestão das mesmas. Mesmo que alguns especialistas em governança corporativa afirmem que a tendência é a gestão estar nas mãos de profissionais não pertencentes à família, particularmente entendo que se no núcleo familiar existir sucessor com qualificação técnica, gerencial e comportamental, este é o melhor candidato a participar ativamente na gestão dos negócios.
- **Gestão**: representado pelos executivos, este grupo tem o foco na operação dos negócios, geração de resultados, ganhos de produtividade, reconhecimento profissional, tanto internamente como no mercado. Há a tendência de atuação centrada no curto e médio prazo, uma vez que normalmente será cobrado nesse horizonte pelo conselho de administração. Tem na empresa o seu espaço para a realização profissional, com autonomia para decidir e implantar políticas de gestão que direcionem para o contínuo desenvolvimento das empresas. Enquanto o proprietário tem uma visão de mais longo prazo para usufruir dos resultados, os executivos geralmente fixam-se nos ganhos adicionais conquistados em ciclos anuais. A propensão a assumir riscos normalmente é maior neste grupo em relação ao grupo dos proprietários, principalmente em empresas que mantenham fortes traços culturais associados à família controladora, e a estratégia financeira de alavancagem para viabilizar investimentos é vista como normal para o grupo dos profissionais, mas não muito confortável para o grupo de Proprietários.

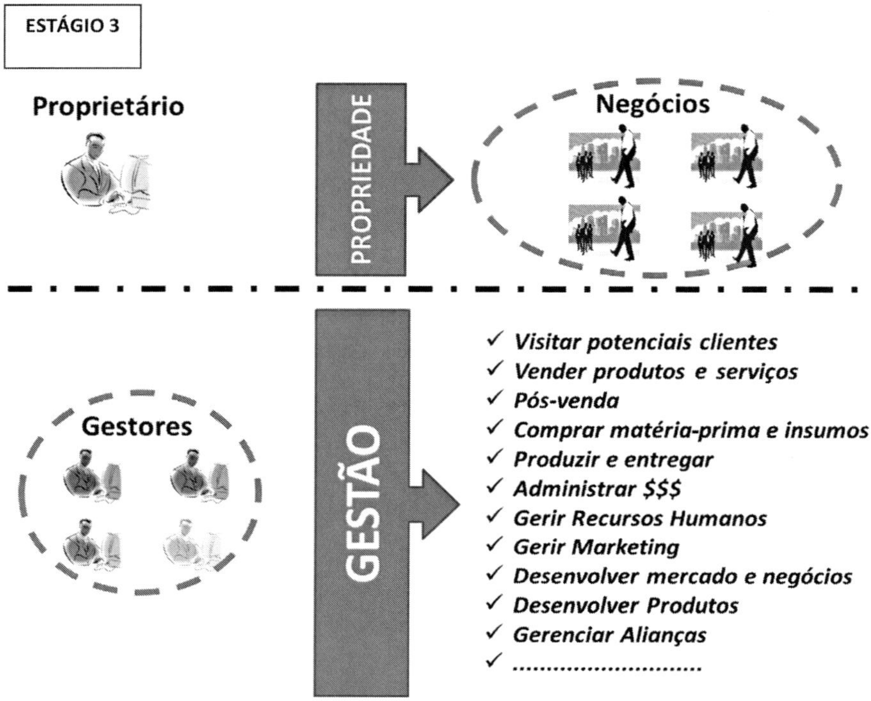

Um dos grandes desafios neste estágio 3 – Delegação do Poder é estruturar um sistema de gestão que assegure o equilíbrio entre os dois grupos: propriedade e gestão. No relacionamento entre eles, configura-se uma importante força que impacta todos os níveis da organização, o Poder de Controle. Como ocorre em qualquer forma de organização de pessoas, visões e interesses não são simetricamente semelhantes, sendo que as diferenças naturalmente assumem relevância maior em relação às igualdades.

O entendimento maduro de que os representantes do grupo Propriedade têm o direito e até mesmo o dever de controlar as principais decisões e projetos que o grupo Gestão planejou e/ou implantou não é muito fácil de se instalar nas nossas empresas. O campo de discussões e construção de alternativas, como atividade colaborativa entre as partes para o alcance da sinergia gerencial, a meu ver, é ainda incipiente, prevalecendo olhares de desconfiança e disputas de poder que geram mais conflitos do que efetivos resultados para a evolução das empresas. O discurso e a exposição externa às salas de diretoria procuram mostrar uma convivência adulta, profissional e sustentada por interesses institucionais, mas na prática, mais vejo conflitos de interesses individuais e disputas pelos seus próprios espaços.

Um dos pontos ao qual devo dar atenção quando abordo o tema Poder associado ao relacionamento entre Propriedade e Gestão é o Conflito de Agência. Parte do princípio que essa relação estabelece dois grupos de agentes que agirão na direção de maximizar resultados, ampliar a riqueza dos proprietários e desenvolver negócios que se perpetuem, mas certamente terão conflitos em relação ao "como" cada um dos agentes agirá. Os agentes do grupo Gestão recebem por delegação do grupo Propriedade a autoridade para representar os agentes proprietários junto aos demais participantes, tanto no âmbito interno como no externo, falando em nome daqueles e exercendo o papel de donos em várias frentes que os negócios demandam. Os chamados conflitos de agência no mundo empresarial dificilmente serão evitados, já que estamos falando de relacionamento entre pessoas, seres sem a condição de assumir comportamentos plenamente programáveis.

Dois axiomas racionalizam essa situação de conflito de agência:

a. *Não existência de contrato completo:* afirma ser impossível estabelecer um contrato entre as partes que preveja e defina "o que e como" fazer em todas as situações relevantes que a empresa estará envolvida, considerando que muitas delas não serão rotineiras. Soma-se que é da natureza humana, nos subordinarmos a força do interesse próprio, em ato contrário a interesse de terceiros. Como consequência, o representante do grupo Gestor estará declinado a tomar decisões que fortaleçam o seu entendimento e consequente posicionamento. Essa constatação não deve eliminar os esforços de buscar clareza de regras e convivência entre esses agentes, mas consciente de que a perfeição não será alcançada.

b. *Não existência do agente perfeito:* afirma que não existe o Gestor perfeito, moldado para todo o contexto em que as empresas se inserem, salientando que é humanamente impossível que esse agente tenha conhecimento, experiências e comportamentos moldados para encarar todos os desafios que o mundo empresarial impõe diariamente. Portanto, é fundamental que o agente representante do grupo Propriedade exerça também atitudes de desenvolvimento e incentivo aos seus executivos, sem abrir mão do controle.

Finalizando, o tema Poder está presente em todas as organizações empresariais, indiferentemente do porte ou estrutura de controle das empresas. Escolher o "módulo avestruz" e afirmar que na sua empresa é diferente é uma atitude com a intenção de eliminar um dos fatores que obrigatoriamente está no pacote de qualquer profissional, principalmente para aqueles que já estão exercendo cargos de gestão. Você pode até não gostar dessa dinâmica relacionada ao poder, mas certamente ela já faz parte da sua carreira.

CASO 4:

SITUAÇÃO:

Em uma empresa de prestação de serviços na área da saúde, um dos seus principais produtos na geração de receita estava concentrado em um determinado médico. Profissional com sólida formação na sua área de especialização, inclusive investiu em curso e aquisição de equipamentos no exterior que o qualificou como pioneiro e o mais experiente nessa prática médica ofertada na sua área de atuação.

Após quatro anos de convivência positiva entre a empresa e o médico, problemas começaram a aflorar, afetando de forma intensa o ótimo relacionamento que foi um dos pontos fundamentais para o desenvolvimento das partes: empresa e médico.

Nesse momento, os sócios da empresa deram-se conta do custo da dependência ou poder concentrado em um profissional detentor de conhecimento e equipamentos diferenciados no mercado, que se resolvesse se afastar, imputaria à empresa um forte revés nos seus resultados e até mesmo com potencial risco de descontinuidade do negócio, já que esse serviço respondia por 40% do faturamento total da instituição.

PROBLEMA:

Essa situação agravou-se, o profissional médico já não estava satisfeito com a maneira como era tratado, alegava baixa remuneração e pouca participação em decisões que afetavam a sua prática assistencial.

Como os sócios da empresa não tiveram a preocupação em estabelecer um contrato com regras de saída que protegessem as partes e também não investiram em outro profissional que pudesse paralelamente integrar-se ao serviço, evidenciou-se o lado fraco dessa relação: a empresa. Por outro lado, o poder maior de negociação ficou concentrado no profissional detentor da tecnologia.

Depois de muitas rodadas de negociação, a solução encontrada foi conceder ao profissional médico sua participação societária na empresa, possibilitando atender às suas expectativas de remuneração e outras exigências para a melhoria na prestação dos serviços.

APRENDIZAGEM:

Não devemos menosprezar a importância de alguns recursos que já estão internalizados na operação da empresa, mas que não estão sob o seu domínio efetivo. É praticamente impossível ter a solução para todas as dependências, considerando fornecedores, funcionários, terceiros e até mesmo clientes, mas temos que, de forma preventiva, selecionar os mais críticos e, dentro do possível, criar instrumentos de proteção para a empresa, minimizando a ocorrência de atritos que possam colocar os negócios em forte risco de continuidade.

CONCLUSÃO:

O gestor tem de estar atento às possíveis perdas que a sua área ou empresa possa ter, caso um profissional com competência importante apresente sinais de possível afastamento, agravando-se em situações em que não haja o gerenciamento de um plano complementar que coloque sob controle o risco de influência por posse material ou tecnológica.

VAMOS CONVERSAR?

1. Considerando a empresa em que você está atuando ou atuou recentemente, como classifica a importância da dinâmica de poder como força para a evolução dos negócios? Está ajudando? Justifique.

....

....

....

....

....

2. O que você poderia propor para melhorar o ambiente de trabalho nessa empresa, considerando fatores relacionados ao Poder comentados neste capítulo?

....

....

....

....

....

Anotações:

....

....

....

....

....

....

5.

A Carreira é Minha, portanto, Eu Não Delego a Sua Gestão para os Outros

Quase sempre, quando questiono um grupo de profissionais sobre o que é carreira, como eles simbolicamente apresentariam o seu significado, na maioria das vezes ilustram o seu pensamento por meio da imagem de uma estrada, um caminho que leva a um destino. Interessante é que ao darmos continuidade a essa conversa, esse destino não está muito claro nas suas falas em relação à distância, sua configuração e o que efetivamente acontecerá lá.

Ao dar continuidade à conversa, normalmente a distância ou o tempo desejado para o alcance do seu alvo é de curto prazo, dois anos por exemplo, não tendo um desenrolar sobre o que acontecerá depois. Quais os novos passos? Para onde? Se considerarmos que esses profissionais têm muitos anos de vida pela frente, esse espaço de tempo definido é relativamente curto.

Também me chama a atenção que normalmente os profissionais associam a sua carreira apenas às suas iniciativas e decisões, desconsiderando que outros fizeram e farão parte dessa caminhada, ou seja, familiares, amigos, colegas, chefias, professores e consultores. Pessoas importantes no seu cenário profissional e pessoal, que certamente exerceram influência nas escolhas, nos acertos, nos tropeços e nas suas decisões, tanto em relação ao passado como ao futuro.

Eu também me identifico com a imagem de uma estrada com curvas, subidas e descidas, paisagens lindas alternadas com trajetos difíceis, com buracos e riscos de acidentes. Vejo-me dentro de uma van juntamente com outras pessoas que opinam, divertem-se, reclamam, pedem para acelerar ou ter mais cuidado na condução desse veículo.

Procuro sustentar essa viagem como um sonho a ser materializado no longo prazo, sem perder a noção de que objetivos necessitam ser alcançados na direção desse alvo maior, visualizando-os por meio dos pontos de parada para abastecimento, refeição ou descanso.

Historicamente, fomos orientados no ambiente empresarial de que a carreira se referia à soma dos nossos feitos profissionais somada às nossas expectativas de crescimento por meio da conquista de níveis hierárquicos superiores, de cargos com maior responsabilidade e representatividade. Fomos educados com forte estímulo a avançar para andares superiores, adquirindo mais poder e *status* nas relações profissionais em que rotineiramente estávamos envolvidos. Normalmente, com comportamento submisso às escolhas e decisões das nossas chefias e das próprias políticas das empresas nas quais atuávamos. Vale salientar que permanecer por mais tempo em uma mesma empresa significava ser um profissional dedicado e comprometido com as suas responsabilidades, colegas e principalmente com seus chefes. O funcionário fiel gozava de uma avaliação positiva em relação ao seu comportamento profissional.

Alguns pontos a considerar sobre essa visão tradicional de carreira:

a. *Formação acadêmica*: alcançar a oportunidade de realizar um vestibular e ingressar em uma faculdade era um feito para poucos, que entre 18 e 21 anos de idade geralmente deveriam fazer a escolha certa, muitas vezes com forte pressão dos pais. Essa decisão nortearia o resto dos seus anos de vida. Não se pensava, e até mesmo não se admitia, desistir do curso escolhido e tentar o ingresso em outro. Você estaria perdendo tempo e afastando-se da sua turma, correndo sério risco de chegar atrasado ao mercado de trabalho. Se os filhos eram muito jovens e imaturos para exercer uma opção tão importante, não era este o ponto de preocupação da maioria dos pais e sociedade em geral. Algumas empresas, representadas pelas suas áreas de Recursos Humanos, quando em processos de seleção, até definiam critérios de exclusão na análise de currículos, desqualificando candidatos que apresentavam idade avançada em relação a outros candidatos e instabilidade na definição da sua graduação.

b. *Progressão hierárquica*: evoluir na carreira em ambientes empresariais significava subir posições na hierarquia das organizações, com o objetivo maior de assumir um cargo em nível gerencial ou diretivo. Os vencedores, portanto competentes, eram os que conquistavam essas posições mais rapidamente em empresas consideradas grandes, referências em seus mercados. O profissional ficar muito tempo no mesmo cargo ou nível era o pedágio a ser pago por todos, como forma de consolidar experiência e especialização. Modelos únicos de perfis gerenciais eram definidos por pesquisadores e gurus no campo da administração, devendo estes serem a referência para todos que já eram executivos e também para aqueles que estavam em formação. Como resultante do esforço dos profissionais que se destacavam nas suas áreas de atuação, as promoções verticais e ascendentes nas estruturas organizacionais eram a forma de crescimento mais valorizada.

c. *Fidelidade à empresa*: não podemos deixar de apontar as regras tácitas vigentes no mercado de trabalho que repudiavam atitudes individuais de profissionais que manifestavam sua não adaptação a um cargo ou área de atuação, portanto adotando a conduta de buscar outros espaços para sua realização profissional. Ter a iniciativa de procurar uma oportunidade em outros departamentos da empresa era entendida como uma ação de rebeldia e infidelidade à sua chefia. Em proporção maior, conversar com pessoas de fora da empresa ou atender a um convite de uma agência de seleção para avaliar uma possibilidade de sair da empresa atual e ir para outra que potencialmente poderia oferecer condições mais favoráveis para os objetivos do profissional era até mesmo visto como traição. Corria-se o risco de termos o nosso currículo "manchado" no mercado de trabalho. Permanecer por dez anos em uma mesma empresa, até mesmo no mesmo cargo, significava maior especialização e competência para a realização das atividades, ficando em segundo plano as expectativas e motivações dos profissionais.

d. *Desestímulo a outras carreiras:* como comentado anteriormente, ainda muito jovens tínhamos de decidir qual graduação faríamos, não nos permitindo trocar de curso se durante a sua realização já identificávamos que não era bem essa profissão que queríamos para as nossas vidas. Na esfera familiar, muitas barreiras eram colocadas para aqueles que pensavam em conversar sobre a possibilidade de desistir, por exemplo, do curso de engenharia e transferir-se para o novo curso de processamento de dados, que chegava às universidades. A possibilidade de formações complementares, somando áreas científicas com humanas, qualificava tal decisão como distração profissional. Mesmo que essas pessoas pudessem estar infelizes com as suas escolhas ocorridas há 15 anos, o seu caminho já estava definido. Importante era ter a graduação o mais cedo possível e abraçar essa escolha para sempre.

e. e. Capacitação profissional: eram muito interessantes as práticas de gestão de recursos humanos em relação ao treinamento e desenvolvimento das pessoas que tradicionalmente as empresas validavam. Por meio dos gerentes e chefes, as necessidades de treinamento eram identificadas e direcionadas para as equipes e indivíduos, independentemente dos seus respectivos níveis de maturidade profissional, perfil comportamental e motivações. De forma mecânica e única, todos recebiam, na mesma dose, os mesmos conteúdos e técnicas que deveriam aplicar nos respectivos postos de trabalho, permitindo mínimas diferenças nos ritmos de entendimento e aprendizagem. Todos eram tratados como iguais. Essa prática também contribuiu para frustrações de alguns profissionais que gostavam da sua escolha e formação, mas necessitavam de tempo diferente da maioria para assimilar e praticar os ensinamentos recebidos, bem como maior tolerância em relação a erros e não entendimentos iniciais.

A evolução do tema "Carreira" trouxe o debate de que ela não deveria ser de responsabilidade única das empresas, mas sim liderada pelo real protagonista e alvo principal dessa ação, o próprio profissional. Sua postura passiva e submissa, subordinando-se integralmente ao que a empresa decidia sobre o seu desenvolvimento profissional, por exemplo, como e quando realizava os seus treinamentos, começou a ser vista como uma atitude empresarial paternalista, privando o maior interessado da sua real responsabilidade com o seu futuro profissional.

A área de Gestão de Pessoas lentamente deu-se conta do mal que estava fazendo aos seus colegas, que aparentemente estavam satisfeitos por estarem em empresas que cuidavam deles, mas por outro lado, pouca liberdade tinham para buscar novos conhecimentos e alternativas profissionais que efetivamente os motivassem. O mercado, de forma geral, começou a valorizar as iniciativas profissionais que, independentemente de planos e decisões das empresas, assumiram as rédeas das suas carreiras.

O tabu em relação a ter uma única graduação começou a ser questionado, iniciativas de trocas de curso ou a realização de uma nova formação, mesmo que após alguns anos de exercício da profissão, passaram a ser vistas como ações maduras de profissionais que acompanhavam os movimentos do mercado. Essa ampliação na trajetória de carreira passou a ser vista como positiva, apontando tendência para um comportamento profissional diferenciado que buscava adaptar-se à evolução no mundo do trabalho. Investimentos em idiomas, cursos de pós-graduação e até mesmo estágios em ambientes no exterior passaram a ser estratégias importantes para competir em um mercado cada vez mais seletivo.

Alguns pontos que evidenciamos como consequência desse movimento:

a. Carreira feliz pressupõe satisfação psicológica: evoluímos para o entendimento de que somos 7,5 bilhões de pessoas neste mundo, mas com personalidades, expectativas e perfis comportamentais diferentes, o que torna cada um de nós únicos neste enorme mundo em que vivemos. Não podemos idealizar que o escopo de um cargo, associado ao ambiente em que ele se aplica, terá o mesmo efeito motivacional e de comprometimento para todos os ocupantes dessa posição. É normal que estejamos em estágios desiguais de maturidade em nossas vidas, portanto, com combinações de emoções, motivações, expectativas e condições diferentes. O resultado desse entendimento pelas empresas é o que estamos vendo de forma intensa nos ambientes de trabalho mais contemporâneos, a valorização das atitudes pessoais como a grande diferença na prática de conhecimentos e experiências acumulados por um profissional. A satisfação com o conjunto de atividades que ele realiza, estar em um ambiente de camaradagem e confiança entre os colegas e lideranças, somando-se a existência de imagem positiva, ética e moral da organização em que atua, a satisfação psicológica com o trabalho desse profissional tende a ser muito alta. Como consequência, a carreira normalmente sofrerá influência favorável para ações de autodesenvolvimento e autorreconhecimento das suas próprias realizações.

b. Independência no gerenciamento da sua carreira: lembro-me de já no início da minha atuação como Gerente de Recursos Humanos, oportunidade em que passei a influenciar a definição e aplicação de políticas na gestão de pessoas, ter adotado posicionamento forte sobre a necessidade de as empresas serem menos paternalistas em relação à carreira dos seus funcionários, independentemente dos níveis hierárquicos envolvidos. Sempre tive o entendimento de que o que vem 100% de forma gratuita ou pronto é pouco valorizado pelas pessoas. Tenho a crença de que os profissionais necessitam fazer o seu esforço de investimento no desenvolvimento das suas carreiras, tanto financeiro como de tempo e iniciativas. Sentirem que primeiramente esses esforços têm significado importante para eles mesmos, independentemente dos ganhos naturais para as empresas. Fico feliz em ver que esse posicionamento vem crescendo de forma intensa no mercado atual, sendo que, em alguns casos, a responsabilidade pelo gerenciamento de carreira está integralmente com as pessoas, ficando a empresa com o papel de ser um dos caminhos para a realização das suas expectativas profissionais e pessoais.

c. <u>Contemplar todos os papéis dos indivíduos</u>: em uma abordagem holística, devemos considerar Carreira enxergando os indivíduos no seu todo, contemplando os seus vários papéis que simultaneamente convivem com o papel profissional: papéis familiares, de representatividade junto a amigos e colegas, junto à comunidade em que vivemos, entre outros. Em alguns casos, vemos profissionais com altos níveis de satisfação, motivação e comprometimento nos seus ambientes de trabalho, sendo que um dos grandes impulsionadores desse comportamento é a contribuição para a sociedade que eles conseguem dar por meio dos seus exercícios profissionais. Na área da saúde, por exemplo, tanto em posições de assistência direta a pacientes, como médicos e enfermeiras, ou atuando em áreas administrativas e de suporte, a carreira pode assumir um significado que extrapola a dimensão de um cargo, do *status*, dos ganhos financeiros ou de resultados para as empresas. Ter a consciência e maturidade para entender que os seus esforços se materializam como um importante fator que faz a diferença para a melhoria do bem-estar da sociedade pode tornar-se um forte propósito para a sustentação da carreira desses profissionais.

d. <u>Formações complementares</u>: se no passado não aceitávamos a troca de carreiras no ambiente profissional, principalmente para aqueles que já tinham obtido sua graduação, o que estamos vendo hoje é que as pessoas se sentem mais encorajadas e estimuladas a buscar sua felicidade. Portanto, a qualquer momento podem repensar suas escolhas e abrir novas frentes de realização profissional. O mercado passou a avaliar de forma positiva a formação complementar, a soma de áreas de conhecimento como diferencial na competência das pessoas. Ter graduação em Administração e Medicina pode ser um importante diferencial para um médico que gerencia uma clínica ou hospital. Somar Engenharia com *Design* oferta aos profissionais que escolhem essas formações a soma da cientificidade com a consistente abordagem para a solução de problemas complexos da nossa sociedade. Ampliar a busca de conhecimentos e experiências diversas, não somente em cursos formais, mas por meio de leitura, experiências e o exercício da curiosidade para outros temas, enriquece a caixa de ferramentas de executivos que diariamente se veem à frente de situações diferentes e de alta complexidade, tanto para demandas internas de organização das suas empresas, como as de competitividade e inovação que o mercado impõe em velocidade acelerada.

"Em um mercado cada vez mais competitivo é perigoso 'cruzar os braços' e delegar o seu futuro profissional para a empresa onde você trabalha."

MAURO SEGURA.

Semelhante à atividade de planejar estrategicamente uma empresa, quando a partir do seu passado e presente procura-se projetar o seu desempenho futuro, normalmente visualizando seu crescimento com solidez na sua jornada projetada, o gerenciamento de carreira deve subsidiar-se de conhecimentos e experiências acumuladas, bem como das habilidades e atitudes que nos trouxeram até o estágio atual. Devemos também considerar nesse olhar para a nossa trajetória pessoal e profissional as condições que nos favoreceram ou dificultaram essa jornada.

No entanto, o grande motor que movimentará e acelerará o nosso desempenho está no olhar para frente. Nós necessitamos de um desafio, um sonho que nos motive a sair da situação normal, algumas vezes de excesso de conforto, para colocarmos energia e atenção na construção de um marco que nos sinalize sobre o final da estrada e o que pretendemos encontrar lá. Para chegar a esse ponto tão desejado, a definição prévia dos principais benefícios que esperamos obter ou que poderemos compartilhar com outras pessoas torna-se muito importante.

Esse pensamento, quando exercitado com significado verdadeiro para nós, imputa doses enormes de motivação e comprometimento com as ações planejadas para serem realizadas, mesmo que demandem sacrifícios e necessidades de replanejamento na sua execução. É importante que potenciais ganhos financeiros não sejam o principal pote a ser encontrado na estação final, mas sim regalos que envolvam fatores emocionais, desejos verdadeiros e com significados pessoais para nós e aquelas pessoas que são muito importantes nas nossas vidas.

> "Para alcançar a almejada realização, não é preciso conquistar grandes coisas. 'Grande' é uma questão de ponto de vista. A realização pessoal pode significar algo muito diferente para mim e para você."
>
> *DÉBORA ALCÂNTARA*

Quando os profissionais se dão conta de que as instituições organizacionais, os cargos, o status e as remunerações que conquistam são um meio, uma estratégia para a realização de um sonho maior, eles alcançam um nível de maturidade importante para as próprias empresas, já que passam a alocar comprometimento nos seus desempenhos profissionais, conscientes do real resultado a ser obtido e indiretamente ofertado às organizações e sociedade.

Até o ponto final, em um horizonte de cinco anos, por exemplo, objetivos parciais necessitam ser estabelecidos e perseguidos, abrangendo a busca de conhecimentos, experiências, participação em projetos, atividades fora do ambiente da empresa, suporte de profissionais, entre outras ferramentas. É importante refletir e definir os marcos a serem alcançados, sendo que durante a jornada devemos estar focados neles para não corrermos o risco de entrarmos em estradas que nos desviarão do sonho maior, bem como para servir de referência para a velocidade que devemos colocar no nosso projeto. Metas trimestrais no primeiro ano são suficientes para nos servir de referências, mas os objetivos anuais são requisitos para ligar os passos que estamos dando no presente com a intenção maior definida no início da viagem.

Tal como os objetivos e metas sugeridas anteriormente, uma breve descrição de estratégias ou ações é recomendável. O exercício de "colocar no papel" o como pretendemos agir, colocando-nos em situação real sobre as condições necessárias e as possibilidades que temos para realizá-las. Não que com isso vamos desistir, mas sim ajustar a dimensão dos esforços, talvez com algum ajuste nas metas previamente definidas. Por exemplo, você estabelece que em um ano evoluirá do nível intermediário para o avançado no idioma inglês, programando módulos trimestrais que, uma vez vencidos, levarão ao resultado planejado. A empresa em que você trabalha o convida para participar de um projeto novo que demandará forte dedicação sua no segundo semestre do ano, o que certamente prejudicará o atendimento à sua meta em relação à aprendizagem do idioma inglês. Tranquilo, replaneje o seu objetivo do final do ano, postergando por três meses, mas não delete o seu sonho de obter fluência em inglês nos próximos quatro anos.

Implante na sua rotina pessoal, no mínimo mensalmente, dar uma olhada nos registros de planejamento de carreira para ter consciência se está na direção e ritmo certos, se necessitará de ajustes ou replanejamentos. O importante é você ser menos flexível e maleável em alterar o seu sonho. Ele pode até atrasar, mas seja questionador consigo mesmo caso venha o "convite" para desistir dele facilmente. Os obstáculos e limitações que certamente aparecerão durante a jornada fazem parte do seu desenvolvimento pessoal e profissional e exigirão competências que você já domina, mas certamente abrirão a janela para a aprendizagem de novas.

Aterrissando na realidade de mercado, ainda encontro muitos profissionais que demonstram relevante competência, eficiência e comprometimento no planejamento, execução e controle sobre suas áreas de gestão, com eficaz gerenciamento de recursos e objetivos que a eles são disponibilizados e cobrados pelas empresas. Eles demonstram diferenciada capacidade para estabelecer ações, organizar recursos e tomar decisões, resultando no alcance ou até mesmo superação dos resultados esperados pelos seus superiores.

A questão que constantemente tenho colocado como reflexão é a de que esses mesmos profissionais muitas vezes não apresentam os mesmos resultados em relação aos seus projetos pessoais, adotando uma postura reativa e até mesmo descompromissada para o estabelecimento dos seus objetivos de carreira, sem colocar energia para o planejamento e controle de ações que suportem o seu crescimento profissional, independentemente das iniciativas e desejos das empresas em que trabalham.

Em oportunidades que sou convidado a entrevistar executivos com dez anos ou mais de experiência, uma das perguntas que frequentemente faço é como a sua formação ocorreu, o quanto eles buscaram por conta própria suprir algum conhecimento ou habilidade de que necessitassem, independentemente do planejamento da empresa em que atuavam ou atuam.

Eu já não me surpreendo mais com as dificuldades que alguns profissionais têm para contar o que realmente fizeram por conta própria ou relatar situações em que se anteciparam à sua chefia e propuseram participar de um curso, visitar outra empresa, envolver-se em projetos que estavam acontecendo em outras áreas da empresa, entre outras atividades que provavelmente incrementariam seu conhecimento e experiência profissional.

Em sala de aula, especificamente nos programas de pós-graduação em que a maioria dos participantes enquadra-se no perfil de profissionais com mais de dez anos de experiência, tenho perguntado a eles quem tem, em alguns *slides* ou anotações, os seus objetivos profissionais para os próximos três anos, sustentados com o mínimo de ações e estimativas de prazos que nortearão o gerenciamento da sua carreira e a consequente maior assertividade no alcance dos seus projetos profissionais e pessoais. Infelizmente, as respostas não estão ao nível das que eu recebo quando pergunto sobre o planejamento das suas áreas e projetos sob suas responsabilidades dentro das empresas em que trabalham.

Hoje tenho a convicção de que não é por falta de conhecimento e experiência em planejar, coordenar e controlar um projeto que esses profissionais não organizam o seu desenvolvimento profissional. Mas, com certeza, é a falta de uma atitude mais responsável consigo mesmo e até mesmo com as pessoas que têm dependência da sua realização profissional e pessoal. Por exemplo, o "choro" de que *"a empresa onde trabalho há cinco anos ainda não oportunizou um incentivo para que eu realize um programa de pós-graduação"*, que provavelmente lhe possibilitaria a ascensão de carreira na própria empresa, ainda tenho a infelicidade de ouvir.

Entretanto, esse mesmo profissional, ao falar um pouco da sua vida, relata estar sempre com o carro do ano, realiza viagens de férias anualmente, atividades entre outras que consomem parte importante do seu orçamento pessoal, mas não tem a atitude de destinar recursos para investimentos na sua carreira.

Costumo complementar as perguntas iniciais com mais duas, ou seja:

a. *De quem é o emprego?*

b. *De quem é a carreira*?

Costumo enfatizar que o Emprego é das empresas que definem o que faremos, quando faremos, que remuneração receberemos e os resultados que deveremos alcançar, sendo que por sua decisão unilateral, ela pode a qualquer momento "pegar de volta" o emprego e destiná-lo a outro profissional. Por outro lado, saliento que a Carreira é do profissional, uma vez que a aprendizagem, as realizações e as experiências constituem sua trajetória que estará colada no seu currículo por toda a sua vida, na sua fala e histórias que contará em processos de seleção, independentemente do destino das empresas em que trabalhou.

Os conhecimentos, as experiências, o *networking* e a imagem que desenvolvemos é um patrimônio individual, que se bem administrado, nos dá um diferencial competitivo impossível de ser imitado.

Se você entende que essas afirmativas são corretas, se você compartilha das mesmas ideias, provavelmente você encara o gerenciamento da sua carreira como uma escolha, não como um destino que de forma aleatória está sendo construído por alguém ou pelas empresas em que você atuou ou atua, sem a sua análise, entendimento e comprometimento pessoal.

"Tente uma, duas, três vezes e, se possível, tente a quarta, a quinta e quantas vezes for necessário. Só não desista nas primeiras tentativas. A persistência é amiga da conquista. Se você quer chegar aonde a maioria não chega, faça o que a maioria não faz."

BILL GATES.

Outro tema que classifico de alta importância quando falamos sobre Carreira é o desenvolvimento constante da Rede de Relacionamentos, também chamada de *Networking*. É normal que a maioria dos profissionais, quando atuando como funcionários ou executivos dentro de empresas, tenha infinitos contatos com colegas, ex-colegas, fornecedores, clientes, entre outros agentes. Pessoas que pela convivência direta ou indireta constroem opiniões e imagens sobre esses profissionais, que dependendo dos seus comportamentos, criam posicionamentos positivos ou negativos, mesmo que inconscientemente.

"Pessoal, além da nossa empresa, que gostamos muito e à qual nos orgulhamos de pertencer, como profissionais, temos de ter consciência da existência de vida lá fora..."

ÉRIO NASCIMENTO

Se você tem o hábito de ser grosseiro com as pessoas, não respeitar horários e agendas previamente combinadas, realizar suas tarefas sem motivação e constantemente resmungando e rejeitar ajudar os colegas quando eles necessitam da sua ajuda, certamente os outros terão uma imagem negativa de você. Ingenuamente, alguns gerentes ou diretores não sabem por que não recebem convites de *headhunters*, ou quando participam de algum processo de seleção, não evoluem para as entrevistas finais. Os seus comportamentos não ficam restritos às paredes das salas que ocupam onde trabalham: as notícias "correm" pelo mercado. Costumo afirmar que conheço o estilo gerencial de alguns executivos, mesmo não os conhecendo pessoalmente. Como tenho muito contato com profissionais para falar de carreira, é normal eu ouvir as mesmas histórias de uma mesma pessoa, mas de fontes diferentes, seja de funcionários, colegas ou até mesmo fornecedores.

A nossa carreira também recebe essa placa de identificação, só que não somos nós que decidimos o que está escrito nela. Costumo afirmar que é muito ruim ter as torcidas do Grêmio e Internacional torcendo contra você, fica muito difícil transitar positivamente no mercado. Mas quando o contrário acontece, o currículo até se torna desnecessário para que o mercado saiba dos seus feitos e perfil profissional.

Tenho conseguido manter um hábito de anos, que é semanalmente receber para um bate-papo um colega, ex-colega ou amigos para conversar sobre carreira e mercado. Dou prioridade para quem foi demitido e me contatou ou que eu soube por meio de terceiros, procurando, nesse momento sempre difícil, abrir espaço para ouvi-lo e orientá-lo. A simples disposição para recebê-lo e desenvolver uma conversa de acolhida e valorização do profissional transmite-lhe um voto de confiança, que foi rasgado recentemente em razão do seu desligamento da última empresa. Faço gratuitamente por ter recebido tratamento semelhante por um profissional que acabou tornando-se um grande amigo: José Arthur Horn, meu primeiro gerente.

Neste mundo de constante transformação no mercado de trabalho, onde a informalidade nas relações vem se consolidando, a possibilidade de simultaneamente estarmos produzindo em mais de uma frente e o avanço da tecnologia como importante instrumento de simplificação, agilidade e conexão entre pessoas e empresas possibilitam-nos estar reafirmando nossas escolhas profissionais ou nos encorajam a experimentar novas carreiras. Essa atitude pode tornar-se um importante diferencial para nossa realização profissional e pessoal.

"Se você não consegue tolerar críticas, não faça nada novo ou interessante."

JEFF BEZOS.

Carreira, por si só, é um tema único para um livro. Optei por abordar em apenas um capítulo com o objetivo de relatar algumas experiências e convicções que muito me ajudaram e ajudam nos campos profissional e pessoal, portanto, com o dever de repassar para outras pessoas.

CASO 5:

SITUAÇÃO:

No início da minha carreira, quando cursando a graduação em Administração de Empresas na UFRGS, comecei como estagiário na FDRH RS a minha jornada em ambientes organizacionais, instituição vinculada ao governo do Estado do Rio Grande do Sul que tinha como principal objetivo desenvolver servidores públicos e de empresas privadas no campo da gestão. Passados os primeiros meses, fui convidado pelo meu gerente, José Arthur Horn, para assessorá-lo na organização e execução de treinamentos para desenvolvimento de gerentes e chefias em geral. Com a conclusão da minha graduação, fui efetivado, o que permitiu minha maior participação no assessoramento ao Horn. Minhas atividades principais eram organizar exercícios, editar manualmente transparências utilizadas nos cursos, hoje substituídas por slides em PowerPoint, e colocar manualmente e na sequência certa essas transparências durante as aulas do Horn. Literalmente, eu sentava de costas para os participantes, de frente para a tela de projeção de imagens, o retroprojetor à minha direita e, seguindo a fala do professor, eu ia substituindo as respectivas transparências na sequência acordada.

PROBLEMA:

Após aproximadamente 50 cursos, infinitas transparências desenhadas por mim, incontáveis horas-aula e profissionais participantes desses cursos, eu já ter decorado os conteúdos, falas, piadas, exercícios e o jeito de o Horn dar aula, estávamos no primeiro dia de um curso com uma turma de coordenadores e supervisores de uma empresa, quando ao final do turno da manhã, alunos dispensados para o almoço, Horn me chama um pouco agitado para me informar que teria de viajar imediatamente para a cidade de Venâncio Aires, aproximadamente 130 Km de Porto Alegre/RS. Seu pai estava passando muito mal e com cirurgia a ser realizada naquela tarde. Seu pedido: Nascimento, assume a aula agora à tarde, tens plenas condições de tocar sozinho...

APRENDIZAGEM:

Pessoal, neste momento que escrevo este case, mais uma vez dou-me conta do meu nervosismo e coragem. Não tinha como dizer não a ele, pela situação do seu pai e por tanto tempo que eu o acompanhava nos treinamentos. Vamos à luta. Foram quatro horas em que eu liguei o motor e me transformei em um gravador transmitindo as falas do Horn. Usei as mesmas piadas que ele contava, mas com poucos risos de retorno da turma. Enfim, consegui vencer o desafio. Após despedir-me da turma, desloquei-me imediatamente para minha sala, já que o curso havia sido realizado na FDRH RS. Adivinhem quem eu encontrei sentado à sua mesa me esperando?

Sim, José Arhur Horn. Com um largo sorriso, ele imediatamente foi me perguntando, como foi guri? Pois é, tu já estavas pronto para tocar o curso ou parte dele, eu percebia certo temor em ti que te travava, logo, tive de te jogar na piscina. Fiz sabendo do teu potencial e os riscos envolvidos, portanto, eu tinha combinado com um "salva-vidas" em sala de aula que sabia que eu estava a alguns metros de distância, pronto para socorrê-lo. Entre chorar e vibrar ao mesmo tempo, foi assim que eu iniciei uma carreira paralela que me orgulha muito: docência.

CONCLUSÃO:

Normalmente, estabelecemos um nível superior de autocrítica, que é muito bom no sentido de nos mobilizar para estudarmos, realizarmos as tarefas com perfeição, nos manifestarmos quando sentimos segurança e certeza, entre outros comportamentos. Por outro lado, muitas oportunidades não chegam com hora marcada, não tem um outdoor na estrada informando que nós próximos quilômetros será com você. Pessoas que convivem conosco, principalmente líderes que tem a vocação para fazer outras pessoas crescerem, sabem melhor que nós a hora em que devemos ser jogados na piscina. Nas oportunidades em que fui promovido ou convidado para participar em outra empresa, o friozinho na barriga e o medo inicial de enfrentar o novo desafio sempre aconteceram, mas não foram suficientes para me fazer desistir.

Costumo afirmar que tenho muita dificuldade em trabalhar com profissionais que morrem na praia: refiro-me à margem de largada, reclamam que a água está fria, o mar está agitado, muito vento, portanto entendem que não vai dar certo...

In memoriam a José Arthur Horn, meu primeiro gerente, amigo e mentor, que por muitos anos acompanhou minha carreira profissional. Quando nos encontrávamos, suas falas sempre me provocavam reflexão e inquietude com as zonas de conforto que frequentei. Um líder que influenciou minha trajetória profissional.

VAMOS CONVERSAR?

1. Sem se preocupar em detalhar, aponte quais as principais opções de carreira que você poderá adotar futuramente.

....

....

....

....

....

2. Escolha a mais aderente neste momento para você. Liste ações que você pode iniciar agora para investigar mais sobre as características e demandas dessa carreira.

....

....

....

....

....

Anotações:

....

....

....

....

....

....

6.

Da Estratégia à Execução: Em Que Estamos Errando?

Uma das grandes frustrações no mundo empresarial é não obter os resultados previamente planejados por lideranças e equipes qualificadas, geralmente assessoradas por consultores especializados que trazem para o ambiente de gestão das empresas metodologias, conhecimentos e experiências vitoriosas. Nesse processo, análises consistentes são realizadas para o entendimento do contexto em que a empresa está inserida, suas potencialidades são evidenciadas e os movimentos de concorrentes e as novas tecnologias são pesquisados. Portanto, com preciosismo, esforço e competência, decisões sobre o futuro das empresas são tomadas, gerando na sequência a organização e o desdobramento de planos consistentes que validam inicialmente o comprometimento e posicionamentos otimistas de executivos e equipes.

Frequentemente, questiono-me sobre a efetividade de ações de planejamento estratégico dentro das organizações, principalmente sobre o quanto toda a energia canalizada para projetar o desempenho da empresa realmente proporciona o seu direcionamento para os objetivos estratégicos definidos. A resposta é sempre a mesma: tais ações são extremamente necessárias para a sobrevivência e evolução das organizações, mesmo que em alguns ambientes a história seja negativa – baixo grau de realização de metas e objetivos definidos em processos de planejamento e gestão estratégica. Tenho a convicção da importância dessa atitude empresarial como forma de fortalecimento das empresas para competir em mercados cada vez mais complexos nas suas relações.

Vejo como muito importante que as empresas tenham uma visão clara do que pretendem ser e realizar nos seus próximos anos, pois esse alinhamento é fundamental para os gestores e demais colaboradores alocarem os seus esforços de forma integrada e eficaz. Paralelamente, acionistas e outras partes interessadas conseguem ter mais segurança e confiança em relação aos seus investimentos e parcerias com as empresas que naturalmente demonstrem domínio do seu presente, mas também possuem um norte que os motivem continuar participando do empreendimento.

A elaboração de um excelente planejamento, por si só, não levará a empresa à melhoria do seu desempenho ou à conquista de patamares superiores em relação aos seus concorrentes. O grande desafio é colocar o que foi pensado, decidido e organizado em prática, de forma que no decorrer do tempo a equipe interna e o mercado percebam a mudança positiva que a instituição está alcançando, validando novos posicionamentos e respectivos resultados.

Para o alcance desse estágio organizacional, faz-se necessário o comprometimento e efetiva participação dos gestores, com as suas habilidades de liderança, internalizando junto às suas equipes a nova visão e os caminhos projetados para realizá-lo. Esses líderes devem ter a humildade e sabedoria de que a maioria das metas, projetos e decisões necessitará forte envolvimento dos diversos níveis da estrutura organizacional. As estratégias serão praticadas até mesmo por equipes operacionais, requerendo os seus conhecimentos, experiências, motivações e comprometimentos para a realização de tarefas e participação em projetos que tornarão realidade os sonhos empresariais. No entanto, no campo de jogo real dos negócios, encontramos várias situações de empresas que não conseguem estruturar ações e projetos com a eficiência necessária para o alcance dos seus objetivos, cometendo erros no processo de gerenciamento das suas estratégias que acabam comprometendo os seus resultados futuros.

> "As estratégias dão errado mais frequentemente porque não são bem executadas. As coisas que deviam acontecer, não acontecem. Ou as organizações não são capazes de fazer com que elas aconteçam ou os líderes avaliam mal os desafios que as empresas enfrentam na conjuntura dos negócios, ou ambos."
>
> *RAM CHARAN.*

Segue abaixo minha visão em relação à gestão estratégica, especificamente onde entendo que as empresas estão pecando, oferecendo espaços para a não consolidação das suas intenções estratégicas, gerando descompasso entre a Estratégia e a Execução.

a. Planejamento multidisciplinar x execução departamental

   É possível afirmar que a grande maioria das empresas, ao organizar o seu processo de planejamento estratégico, define um grupo de profissionais e/ou sócios que representarão o seu pensamento e desejos em relação ao seu futuro. Em algumas delas, esse grupo é chamado de Comitê de Planejamento.

Sabiamente, um dos requisitos para a formação do grupo é que tenhamos representantes das principais áreas internas da empresa, com o objetivo de obter uma visão integral, preservando a sustentação especialista de cada área com a participação dos seus respectivos representantes. Intensas atividades individuais e em pequenos grupos, com posterior validação no grande grupo quando os posicionamentos departamentais são substituídos pelo bloco único de gestão da empresa, viabilizam a oportunidade de complementar conhecimentos e experiências dos participantes na reflexão, análise e tomada de decisão, conforme recomendam os especialistas para a eficácia no processo de construção do planejamento estratégico.

É importante salientar que essa formação oportuniza maior entendimento e comprometimento dos participantes com todas as decisões tomadas no referido comitê, além de abrir espaços para discussões de conflitos conceituais e de posicionamentos individuais que, se bem coordenadas, transformam essa arena em um processo extremamente produtivo na definição de longo prazo que está em construção.

O contraditório se apresenta quando as empresas, após os vários *rounds* de construção das suas estratégias e a consequente batida de martelo do que será formalizado como os seus grandes compromissos de gestão, mudam completamente sua forma multidisciplinar de pensar, analisar e decidir as questões estratégicas e adotam um modelo departamental para realizar os seus grandes objetivos.

Ao retornarem das sessões de elaboração do planejamento estratégico, normalmente realizadas em ambientes externos como hotéis ou *resorts*, o que oportuniza total concentração dos integrantes do comitê de planejamento estratégico nessa importante atividade, a equipe de executivos reúne o seu grupo gerencial e de especialistas para comunicar as suas decisões que comporão a principal guia para os projetos e ações relevantes da empresa nos seus próximos anos.

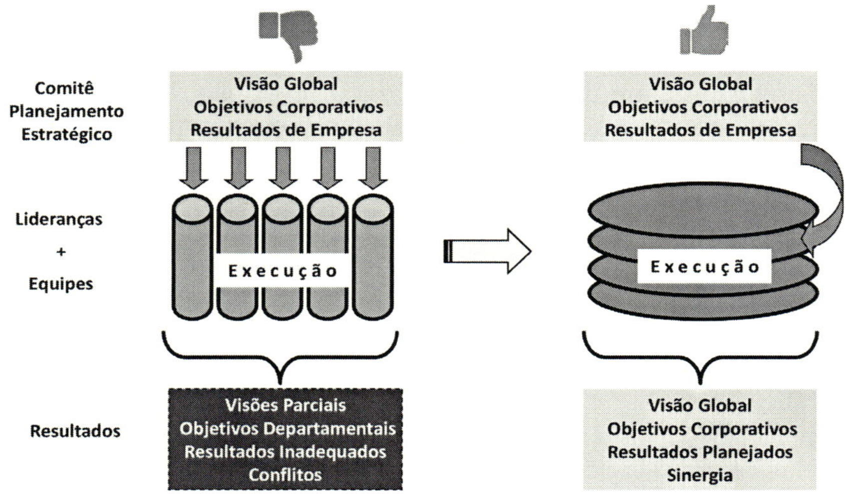

É nesse momento que se comete um enorme erro, já que normalmente as ações estratégicas e projetos são loteados entre as áreas internas, capitaneadas por um diretor ou superintendente que lidera (ou que deveria liderar) a sua equipe de trabalho, sendo esse executivo responsável junto ao seu time pela interpretação, organização e execução da estratégia assumida. Ou seja, todo o benefício obtido na construção em conjunto do planejamento estratégico, ao dar o primeiro passo para a execução, escolhe-se a departamentalização como modelo organizacional para gerenciá-lo.

Essa atitude estimula a atuação individualista das áreas que foram eleitas para implantar as decisões tomadas pelo comitê, gerando a busca de caminhos e soluções não compartilhados com as demais áreas, sendo que em algumas empresas a corrida para quem chega primeiro e com o melhor resultado se estabelece. Dificilmente existe o convite a colegas de outras áreas internas da empresa para que complementem os conhecimentos e experiências necessários para a eficácia da ação; com isso, a riqueza obtida no comitê de planejamento estratégico se perde no seu primeiro ato de desdobramento da execução.

Essa situação se agrava nas reuniões de acompanhamento dos planos de ação. Lideradas pelo principal executivo ou até mesmo pelo proprietário da empresa, tais encontros acabam fugindo do seu propósito inicial, sendo que se tornam uma espécie de "competição insana", onde cada área quer demonstrar que está cumprindo melhor suas obrigações estratégicas, utilizando adequadamente os recursos disponibilizados e cumprindo prazos. Nesses casos, o foco da avaliação passa a ser a área ou o líder responsável pelo plano e não a estratégia e os seus respectivos planos que levarão a empresa ao seu desenvolvimento.

Eu já passei por situação semelhante quando, passados os primeiros seis meses de implantação do planejamento estratégico, como um dos integrantes da diretoria, percebi que estávamos esquecendo do principal: a execução da estratégia.

O resultado dessa sistemática todos nós sabemos: esquecemos a essência do plano, o porquê que ele foi idealizado e qual sua importância para todos da organização. O pavor é instalado nas reuniões de acompanhamento do planejamento estratégico, justo em um momento muito rico para alinhamento e comprometimento das equipes com o futuro da empresa. Nesse contexto, são criados ambientes de cobranças mútuas, *shows* de apresentações multimídia, caça aos culpados, entre outros exercícios que sugam a energia positiva dos gestores e, por consequência, das equipes.

Creio que a superação desse primeiro erro passa pela reprodução da estrutura inicial do planejamento estratégico da empresa, com a participação de profissionais de áreas complementares à área que o líder de projeto representa formalmente dentro da empresa. Nesse modelo de execução multidepartamental, as equipes acabam por exercitar a visão sistêmica do negócio, pois somam as diversas partes envolvidas, construindo o clima de comprometimento com o todo e não apenas com os seus respectivos projetos. A visão, o conhecimento, a experiência e até mesmo o perfil comportamental diferente em uma equipe, se bem coordenados, certamente oportunizam ideias e decisões mais completas e comprometidas, criativas e consistentes, além de oportunizar experiência riquíssima, para não dizer quase única, de capacitação dos participantes.

Quanto às reuniões de gerenciamento do planejamento estratégico, elas são essenciais que aconteçam, mas devem ser conduzidas de forma que os gerentes e equipes participantes sintam prazer em participar, desejando que o dia da reunião chegue rapidamente. Os líderes devem aproveitar esses encontros para torná-los em um fórum permanente de aprendizagem e integração, fortalecendo a coesão no seu grupo de gestão. Cobranças devem ser feitas, natural de um processo de administração tão importante como o planejamento de uma empresa, mas cuidar para que sejam feitas de forma construtiva e educadora. Cabe salientar, que o perfil da consultoria que apoia essa atividade tem papel fundamental para orientar os diretores nessa direção, sustentado com o seu comportamento durante essas reuniões.

Lembro-me que naqueles primeiros seis meses de implantação de planejamento em uma das empresas que participei constatamos que os últimos gestores na pauta faziam perguntas frequentes aos primeiros que apresentavam os seus projetos, com a intenção de esgotar o tempo da reunião e, por consequência, terem menor exposição na arena. Certamente, o nosso relacionamento estava se infantilizando.

b. Planejar para replanejar

Quando as leituras de cenários são realizadas na atividade de planejamento estratégico, os prováveis impactos nos resultados futuros da empresa são avaliados, os objetivos principais são definidos e são estabelecidas as estratégias que nortearão decisões e projetos da empresa.

Em razão da energia e qualificação dos integrantes do Comitê de Planejamento, normalmente assessorados por consultores altamente capacitados, direciona-se um processo de forte convicção sobre os compromissos assumidos e a viabilidade de realizá-los, o que é muito bom para o processo de gestão da empresa. O problema está na rigidez em que essas decisões e respectivas estratégias são emolduradas, criando-se uma posição hermética que dificilmente permite que as equipes executoras dos projetos e ações se adaptem às mudanças que os cenários estudados sofreram após a fase de planejamento, bem como às adequações ao ambiente operacional da empresa.

É comum encontrarmos grande frustração nas organizações porque os resultados não estão sendo alcançados em razão de fatores externos que se alteraram de forma significativa. Para ilustrar, é possível apontar decisões governamentais que podem impactar os resultados das empresas, tais como política monetária, política cambial e política tributária, entre outras. Mas o mais interessante é que a necessidade de mudança pode surgir do reposicionamento estratégico de concorrentes, resultante de reações naturais às estratégias da própria empresa.

Entendo que o processo eficaz de planejamento estratégico e consequente execução de estratégias deve ter como premissa a sua revisão e atualização frequente, buscando alcançar melhor aderência às reações de clientes, concorrentes, colaboradores, parceiros, fornecedores, governo e da comunidade na qual a organização está inserida. A formalística do processo de planejamento não pode ser mais importante do que os resultados a serem alcançados pela ação estratégica. Negar que o mundo dos negócios é dinâmico, com mudanças significativas na forma como empresas competem ou governos regulam os seus mercados, é adotar o efeito avestruz: "faz de conta que eu não estou vendo".

> "Quando os objetivos gerais e específicos não estão sendo atingidos como o planejado, a função do controle é modificar as estratégias da empresa ou sua implementação, de modo a melhorar a capacidade de organização para atingir os objetivos propostos. Ou seja, há a necessidade de um constante 'replanejar' como forma de manter vivo e atualizado o planejamento maior da empresa."
>
> *PETER WRIGHT.*

Costumo afirmar que o exercício de elaboração e validação de um planejamento estratégico não tem o poder de colocar a sociedade sob controle – independentemente da excelência de gestão que a empresa possa ter, da capacidade técnica e conceitual dos gestores e equipes, bem como da metodologia e instrumentos utilizados. Ele nos permite elaborar hipóteses e colocá-las em prova por meio da implantação das decisões decorrentes dessa atividade, gerando a expectativa de que os públicos de relacionamento da empresa reagirão favoravelmente às nossas estratégias.

É comum que concorrentes também estejam fazendo os seus exercícios para crescerem no mercado em que atuamos, que os governos busquem melhorias em leis e formas de relacionamento com as empresas, que novos recursos tecnológicos surjam durante a jornada de execução do planejamento. Por exemplo, decisões tomadas no último trimestre do ano talvez necessitem ser revisadas no fechamento do primeiro semestre do ano seguinte. Essa atitude não pode ser considerada como um fator de incompetência dos que participaram da elaboração e aprovação das estratégias, como se não estivessem prevendo tais mudanças. É impossível termos em um determinado momento todas as informações e variáveis para uma decisão com 100% de assertividade.

Portanto, sugiro que o processo de planejamento estratégico seja sustentado por um gerenciamento que permita revisões em suas estratégias de forma positiva, não como um erro cometido, em que os seus executores devem ser punidos em todas as reuniões de acompanhamento, mas sim como inerente à atividade de antecipar o estudo, análise e decisão sobre eventos futuros, com o risco do planejado não se configurar de forma tão exata e demandar ações de replanejamento.

c. A execução exige comprometimento

A empresa não é cadeira, mesa, computador, máquinas, dinheiro e paredes organizados em alguma área física, sendo que é só apertarmos um botão e tudo começa a acontecer. Uma empresa é a ação humana dando vida a estes e outros recursos que, de forma coordenada, devem servir como instrumentos para o processo produtivo de uma organização. Portanto, as ditas metas, estratégias e projetos necessitam que os líderes as entendam e assumam uma posição comprometida nas suas respectivas execuções, mesmo que eles não tenham participado das rodadas de planejamento, quando muita discussão aconteceu e muitos conflitos de ideias e linhas de pensamento alimentaram a convicção do que está sendo delegado a eles.

Muitas vezes, em uma reunião formal da empresa, com a participação da alta administração, os gestores em nível intermediário são convidados a compreender e se comprometer com os desejos empresariais, sobre os quais pouco tiveram condições de opinar ou até mesmo conhecer previamente. No entanto, naquele momento tão solene e importante, com a presença de outros colegas, eles são convocados a assumir suas respectivas missões estratégicas, comprometendo-se com a execução destas. Nesse momento, nasce um grande impasse na cabeça dos gestores: como vou convencer, mobilizar e comprometer minha equipe se nem eu consegui entender o que eles estão me pedindo nesta reunião de duas horas, sendo que a parte que me cabe foi repassada em dez minutos por meio da exposição de alguns *slides*?

Como as reuniões de apresentação do planejamento estratégico são geralmente muito badaladas durante a sua preparação, é normal que o líder, ao retornar à sua área de trabalho após o encerramento da reunião, tenha um grupo de colegas curiosos e com grande expectativa em relação ao que foi divulgado e principalmente em relação ao *"o que sobrou para nós?"; "Quais os projetos em que estaremos envolvidos?"*.

O descompasso apresenta-se novamente. A forte convicção da alta administração em relação às ações que construíram a visão de desenvolvimento da empresa, nesse momento, está no nível intermediário da gestão, nas mãos das suas lideranças, que tiveram pouco tempo para entender as reais intenções, a complexidade da tarefa, bem como a clareza quanto a recursos e resultados efetivamente esperados. A busca do pleno entendimento e comprometimento passa pela oportunidade de participação dos liderados. Para trabalhar eficazmente, as diretrizes devem ser acordadas preferencialmente por consenso, sendo que a consciência do real esforço e benefícios esperados necessitam de 100% de clareza.

> "É de alta relevância a importância de comunicar a estratégia para a equipe e seus membros, pois, como as pessoas podem dar conta (e orientar suas equipes) de uma estratégia que elas não entendem completamente?"
>
> *ROBERT KAPLAN.*

O processo de desdobramento das estratégias e objetivos da organização deve demandar o tempo e atenção suficiente dos executivos para a obtenção do entendimento e principalmente do comprometimento das lideranças. Caso contrário, o processo ocorrerá como cumprimento de uma simples tarefa, em uma dimensão muito aquém de que essa missão necessita, ocasionando uma perda significativa de energia nos demais níveis da organização.

Cabe salientar que o desejado comprometimento das lideranças, para que elas possam levar adiante a execução com nível semelhante de convicção do comitê de planejamento, também exigirá espaços para os gestores colocarem suas visões, diferenças de interpretação e de posicionamentos, cabendo ao grupo executivo ter a habilidade de explicar os porquês, administrar as diferenças de entendimento e conduzir o processo como um compromisso institucional, não como uma competição que resulte em conflitos pessoais e perdedores.

"Até agora, você colocava sua função em primeiro lugar. No entanto, como membro da equipe de liderança, você deve colocar a empresa em primeiro lugar e sua função em segundo. À medida que você aumentar seu campo de visão, 'Eles' não serão os outros departamentos, 'Eles' passarão a ser os seus reais concorrentes."

SCOTT EBLIN.

d. As equipes estão preparadas para executar?

Enfim, após compartilhar e obter um compromisso verdadeiro das lideranças com os propósitos maiores da empresa, chegou a hora de organizar a execução dos projetos e ações estratégicas que o líder assumiu. Talvez, nesse momento, não tenhamos todos os gestores alinhados em um mesmo nível de comprometimento, o que provavelmente nunca acontecerá, já que estamos falando de pessoas, e pessoas têm a sua forma única de perceber, interpretar e agir nas situações com as quais se confrontam, nem sempre demonstrando o seu comprometimento da forma padrão desejada pela empresa.

Nessa fase de execução das tarefas, traduzir a linguagem mais sofisticada utilizada no nível superior da estrutura organizacional normalmente é o primeiro desafio que se apresenta no desdobramento das estratégias e respectivas metas. Assim, a habilidade de comunicação passa a ter elevada importância, principalmente em empresas com um grande contingente de colaboradores e com ampla distribuição geográfica dos seus grupos de trabalho.

A forma mecânica de comunicação, a utilização de modelos complexos e a aridez de termos técnicos, normalmente utilizados nos níveis diretivo e gerencial das empresas, tendem a produzir desconfiança, não credibilidade no discurso. Isso tem como consequência o não comprometimento das equipes com os desafios assumidos, ocasionando a absorção da ação estratégica como mais uma tarefa a ser tocada entre as outras do dia a dia da empresa.

Outro ponto a considerar é o quanto os gestores e as respectivas equipes estão capacitados para formular seus respectivos planos de ação, com uma estrutura mínima que permita o gerenciamento adequado para a execução das ações propostas. Definir indicadores que permitam a avaliação da *performance* de execução do plano, estabelecer os recursos necessários para sua realização eficaz, bem como ter clareza do que será feito, em quanto tempo, quais resultados serão alcançados e como será a organização das equipes, são atividades que nem sempre encontram gestores com conhecimento, habilidade e experiência para estruturá-las.

É de extrema importância que a alta administração, preferencialmente apoiada pela área de Gestão de Pessoas, tenha consciência do nível de resposta dos seus líderes para a execução e gerenciamento das ações estratégicas da empresa. Se os gestores estiverem em nível de capacitação abaixo do necessário, há uma lição de casa a ser feita: priorizar o treinamento e a preparação das lideranças para a execução dos principais planos que resultarão no futuro da empresa, ou seja, a materialização das suas estratégias.

e. Muitas iniciativas e poucas "acabativas"

É importante também analisarmos a capacidade que a alta administração tem para elaborar estratégias para a empresa. Muitas vezes, motivada por resultados indesejáveis ou pela visualização de oportunidades que projetam um desempenho superior em médio ou longo prazo, é definido um número enorme de ações, que serão desdobradas em quantidades exageradas de projetos e planos de ação, desconsiderando a capacidade de efetivamente realizá-las. Além disso, recursos como tempo, financeiro, tecnologia, pessoal e até de gestão são superficialmente avaliados e normalmente superestimados, induzindo para uma tomada de decisão sem sustentação da realidade na qual a empresa está inserida.

Uma consequência maléfica para a execução plena do que foi planejado é a excessiva quantidade de planos que são instalados simultaneamente na organização, quase sempre incentivando uma competição entre os colaboradores. Em algumas empresas, um indicador de competência é estar liderando um ou mais planos de ação ou estar fortemente envolvido em mais de um projeto. Eventualmente, em alguns ambientes, se você não participar em uma das equipes desses projetos, poderá ser avaliado como dispensável ou como integrante de uma categoria de funcionários menos importante na empresa.

Muitas iniciativas e poucas "acabativas"...

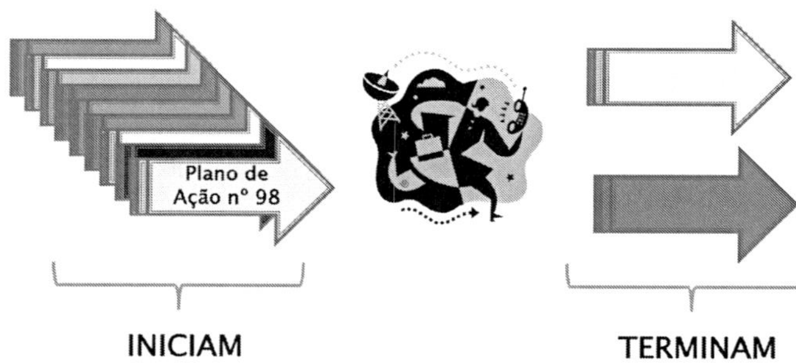

Faz-se necessário o exercício de selecionar os planos que serão mais relevantes e, portanto, prioritários para a execução pelas equipes, tendo como premissa o vínculo com as estratégias empresariais definidas pela alta administração, com critérios que superem os interesses pessoais ou departamentais, colocando o foco nas necessidades e oportunidades da empresa. Esses critérios podem contemplar o esforço necessário para executar um determinado plano de ação *versus* a dimensão do resultado a ser obtido. Não é muito difícil de encontrar, em algumas situações, planos de ação que demandam grandes quantidades de recursos, mas que trarão pequenos resultados. Um bom conjunto de critérios de seleção certamente apontará à alta administração e lideranças as ações prioritárias a serem executadas, possibilitando alcançar um número maior de iniciativas com reais "acabativas" e resultados efetivos para a empresa.

f. Início forte com perda de energia ao longo da caminhada

O lançamento do planejamento estratégico dentro das organizações, após as rodadas de diagnóstico e formulação estratégica realizadas pelo Comitê de Planejamento Estratégico, normalmente é sustentado por fortes ações de divulgação aos colaboradores e lideranças internas, com a participação dos principais executivos da empresa, até mesmo com o principal acionista. Isso visa demonstrar o total comprometimento e a crença no futuro projetado com tanto conhecimento, reflexão e convicção alocados à atividade. Nesses momentos, compromissos são assumidos quanto aos recursos que serão disponibilizados, é manifestada a declaração de alta disponibilidade dos diretores para o desenvolvimento dos trabalhos, é informada a alocação de consultoria para apoiar a execução dos planos, entre outras promessas, que por serem muito pertinentes para a importância do momento, são muito bem recebidas pelos gestores e equipes.

Geralmente, nos primeiros seis meses, a empresa realmente coloca muita energia no processo de comunicação, organização e execução dos planos, de forma não muito estruturada (como já comentamos em tópicos anteriores), mas com destacada determinação e intensidade. Infelizmente, o que observamos é que o fôlego inicial parece que se esvai com o tempo. As reuniões de acompanhamento dos planos já não acontecem nos dias e horários previamente definidos, a participação de algumas lideranças torna-se eventual e aproveita-se a agenda dessas reuniões para tratar de assuntos operacionais e urgentes, resolvendo problemas imediatos, entre outros desvios.

Essa atitude de esvaziamento da gestão estratégica da empresa, principalmente ocasionada pelo afastamento do nível diretivo do processo de gerenciamento da execução das estratégias e planos de médio e longo prazo, bem como a não realização de seu papel de apoiador e cobrador das ações em execução, materializa para os gestores intermediários e as equipes a mensagem de que todo aquele movimento inicial perdeu a importância. A falta de atenção e priorização da diretoria para esse tema tão importante para o futuro da empresa enfraquece o comprometimento das equipes com o passar do tempo, sendo que, em alguns casos, o processo de planejamento estratégico é descontinuado e eleito como o grande culpado em relação a resultados não desejados.

> "Em tempos normais, o principal desafio da liderança consiste em equilibrar as necessidades de curto prazo e longo prazo. Todo mundo sabe disso. É papel do líder administrar pessoas, gerir vendas e custos para cumprir os compromissos financeiros imediatos e, ao mesmo tempo, investir em projetos futuros capazes de identificar as tendências do mercado e garantir o funcionamento da empresa lá na frente. O paradoxo essencial da liderança exige que os executivos comam e sonhem ao mesmo tempo."
>
> *JACK WELCH*

É fundamental que o grupo de diretores da empresa demonstre o seu interesse e comprometimento por meio de comportamento direcionado para o processo de execução das estratégias empresariais, tendo a consciência de que faz parte do papel dos executivos dar o exemplo, ditar o ritmo e a direção que as lideranças e demais colaboradores devem seguir. Nos momentos em que os membros da diretoria questionam, comentam e opinam sobre essas ações e projetos, estão sinalizando às equipes internas que essas iniciativas são importantes, que elas estão nos seus mapas de gerenciamento, portanto, serão cobradas, mas também direcionarão para reconhecimento dos desempenhos superiores.

É lógico que resolver problemas operacionais urgentes e importantes para a empresa demandam a participação de todos os níveis, inclusive dos diretores. Porém, o constante desvio, até mesmo o descompromisso da atenção executiva em não mobilizar as suas lideranças, não acompanhar os resultados parciais dos projetos, não alocar os recursos inicialmente prometidos, entre outros, é um forte motor impulsionando de forma contrária a mobilização das suas equipes. O planejamento estratégico e a gestão estratégica da empresa não podem ser tratados como "uma onda" que inicia com muita força e mobilização, mas que alguns metros à frente perde sua velocidade e intensidade.

Certamente, a execução de estratégias e planos de ação institucionais, que tem como principal objetivo construir de forma consistente o futuro das organizações, tem sido um dos grandes desafios da alta administração das empresas, com elevada dose de complexidade proporcional à dinâmica dos mercados e ao tamanho desses empreendimentos. Conseguir a sinergia de conhecimentos e experiências instaladas na empresa, por meio de um processo de gestão participativo e integrado entre os vários níveis e áreas funcionais, permite a sólida construção e implantação da visão e estratégias empresariais com maior assertividade e credibilidade junto aos diversos agentes envolvidos. Por outro lado, é fundamental a cultura organizacional sustentar um ambiente de flexibilidade em relação aos planos e resultados parciais obtidos, com uma boa dose de humildade e sabedoria para corrigir decisões e obter auxílio e até mesmo soluções em todos os níveis da organização, inclusive externamente com os seus parceiros de negócio.

Obter o comprometimento dos gestores para as convicções, intenções e visão da alta administração é fundamental, mas não garante a plena execução das estratégias propostas. É necessário ter um método para definir claramente os objetivos, organizar as equipes e recursos necessários, controlar a execução e adotar uma forma eficaz de avaliação dos resultados parciais, o que certamente dará robustez e eficácia ao gerenciamento da execução das estratégias da organização. O processo de liderança intenso e comprometido com os diretores, tendo um forte início e continuidade no interesse, participação, apoio e cobrança durante a execução, sinaliza aos líderes e equipes a necessidade efetiva de realizar o hoje e o amanhã simultaneamente, além de colocar em *status* de prioridade organizacional as estratégias que darão sustentação ao desenvolvimento da empresa.

Assim, é possível concluir que o processo de gestão instalado nas organizações, por meio da atuação comprometida dos líderes posicionados na alta administração e média gerência, faz toda a diferença quanto à execução eficaz de estratégias empresariais, desde que os mesmos tenham desenvolvido em nível superior as habilidades de delegar, motivar e organizar, associadas à comunicação constante das suas respectivas visões empresariais.

CASO 6:

SITUAÇÃO:

Em atividade de consultoria para uma empresa atuante no segmento financeiro como um sistema de cooperativas de crédito, defrontei-me com um gostoso desafio: assessorá-los na construção do planejamento estratégico para os três anos seguintes. Essa instituição estava estruturada com uma equipe centralizadora que tinha como um dos seus objetivos liderar o desenvolvimento organizacional e dos negócios de nove cooperativas filiadas, estando elas distribuídas geograficamente em um dos estados brasileiros. Após algumas tentativas anteriores de realizar essa atividade em conjunto, a equipe de líderes manifestava certa dose de descrença na efetividade desse processo. Soma-se a isso que o principal diretor e líder dessa iniciativa tinha poucos meses de casa. Minha missão era conduzir os encontros de forma que as diferenças e distâncias conceituais e de desenvolvimento dos seus respectivos negócios não resultassem em agravamento de comportamentos individuais e independentes de algumas dessas cooperativas. Como objetivo complementar, mas não menos importante, fortalecer a integração do novo executivo no cenário vigente, pavimentando a instalação do seu estilo de liderança: foco em desafios, mas com participação e comprometimento dos seus líderes.

PROBLEMA:

Algumas cooperativas e executivos já estavam em estágios mais avançados de gestão e obtendo resultados consistentes, mas outros necessitavam de maior apoio e tolerância nos seus posicionamentos e decisões. Nos encontros iniciais, evidenciaram-se alguns comportamentos de "venda" de performances vitoriosas, sinalizando a não necessidade de estarem lá. Por outro lado, condutas com pouca participação e até mesmo silenciosas salientavam o grande desafio de construirmos uma visão estratégica que realmente fosse desafiadora para todos e, principalmente, demandasse interdependência entre as cooperativas para que o principal resultado fosse alcançado. Bingo: conseguimos elaborar com o grupo de liderança uma intenção estratégica que os colocou na necessidade de estarem juntos, desenvolvendo e implantando as estratégias, ações e projetos definidos no planejamento estratégico. Como importante estímulo, a diretoria da empresa definiu como o grande prêmio, caso alcançassem o desafio intrínseco no planejamento, que todos, em conjunto, tivessem a oportunidade de visitar cooperativas e realizar um curso na Europa. O desafio era realizar um determinado resultado acumulado em três anos, igual ao resultado que até então tinham conseguido em 15 anos de existência. Em outubro do terceiro ano, recebo o telefonema e convite para visitar o grupo, e para minha grande satisfação, recebo a informação de que eles tinham conseguido superar o tal desafio antes de o período estimado acabar.

APRENDIZAGEM:

É muito difícil, se não impossível, encontrar um grupo de executivos em uma determinada empresa em que todos os seus integrantes estejam no mesmo nível de desenvolvimento e competência para atuar de forma sistêmica e integrada. As demandas do dia a dia acabam atropelando a todos, mas dependendo do momento da empresa, alguns acabam sendo mais exigidos. É muito importante que a consultoria e o líder principal da organização tenham essa percepção, estabelecendo objetivos e estratégias para a evolução eficaz do projeto, somando-se a metodologia que está norteando o desenvolvimento dos trabalhos.

CONCLUSÃO:

Quando conseguimos envolver mais pessoas nos nossos sonhos de forma que elas não se vejam constantemente obrigadas a fazer, que tenham a consciência do que realmente estamos buscando, alicerçado por um ambiente em que as diferenças serão respeitadas e o benefício final contemplará a todos, certamente tornamos o processo de executar planos e estratégias bem mais fácil, mas principalmente mais motivador para os participantes dessa jornada.

VAMOS CONVERSAR?

1. Escreva em poucas palavras a principal estratégia da sua empresa. Peça o mesmo para alguns colegas de empresa.

....

....

....

....

....

2. Aponte no mínimo três ações internas que as equipes conhecem e com as quais contribuem de forma consciente para a execução dessa estratégia.

....

....

....

....

....

Anotações:

....

....

....

....

....

....

7.

Gestão Estratégica da Área de Gestão de Pessoas, O Que é Mesmo?

Em razão da minha trajetória profissional na área de recursos humanos em empresas de segmentos diversos, como siderurgia, agronegócio, hospitalar, distribuição de energia elétrica, instituição financeira e saúde, muitos colegas e alunos me questionavam sobre o que é um RH Estratégico? Como ele deve ser organizado? Quais os seus principais focos de atuação? Confesso que por muito tempo eu não soube responder a essa questão. A razão de enxergarem em mim um dos detentores desse saber era que quando das minhas passagens, na maioria das empresas em que atuei, a área de RH teve uma grande transformação, saindo de uma estrutura com foco em atividades operacionais, como de folha de pagamento, treinamento operacional, execução de recrutamento e seleção de pessoal, administração de salários e ralações sindicais, para atuação mais ampla e diretamente envolvida com projetos organizacionais importantes para o desenvolvimento dessas empresas, tais como qualidade, produtividade, reestruturação organizacional, planejamento estratégico, expansão comercial, aquisição de empresas, entre outros.

Os colegas perceberam que eu tinha tido um posicionamento diferente de outros profissionais em relação à organização da área de gestão de pessoas, conseguindo posicioná-la em nível de diretoria e com influência em decisões do negócio. Eu comecei a aceitar os convites que recebia para conversar sobre esse tema com outros profissionais que atuavam em RH. O diálogo sempre iniciava com um clima de expectativa de que eu tivesse na manga da camisa um coringa especial, ao qual poucas pessoas pudessem ter acesso. Essas situações me proporcionaram uma forte reflexão em relação à minha carreira. Eu estava fazendo algo novo ou diferente para um grande grupo de profissionais, e estes estavam me valorizando como um executivo que deveria ser observado e seguido nos seus passos.

A forma que eu encontrei para dissolver a neblina que estava em torno desse paradigma foi retroagir alguns anos na minha carreira e entender o que tinha acontecido e de que forma eu transformara aqueles fatos em aprendizagem e estilo gerencial à frente das áreas de recursos humanos nas empresas onde atuei.

Creio que a virada iniciou quando fui promovido a Gerente de Recursos Humanos na Kepler Weber, indústria instalada em uma cidade de 30 mil habitantes no interior do Rio Grande do Sul: Panambi. Essa empresa produzia e comercializava silos, secadores e transportadores, produtos direcionados para armazenagem de grãos, tais como arroz, soja e milho. Era a grande empresa da cidade, configurando-se como a principal empregadora da região, bem como referencial em relação às melhores práticas gerenciais naquele momento, naquela região. Em razão de forte recessão econômica que o Brasil sofreu durante a década de 1980, todas as empresas tiveram muitas dificuldades em desenvolver ou até mesmo manter suas estruturas de negócio e a capacidade para gerar resultados, principalmente em relação ao caixa. Essa situação as obrigou, entre outras estratégias, a reavaliar o portfólio dos seus produtos, com o objetivo de obter reduções significativas de custos e melhoria na eficiência operacional, na produção e operação dos mesmos. A recuperação da competitividade passava por essas estratégias.

Para a execução desse projeto, uma consultoria especializada em *marketing* industrial foi contratada para trazer metodologia e referenciais externos para a equipe interna da empresa, principalmente para as áreas de engenharia de produto, industrial e produção. A JCTM Marketing Industrial tinha à frente da sua equipe de consultores José Carlos Teixeira Moreira, especialista considerado *expert* nesse tema, autor de livros como *Marketing Industrial, Foco no Cliente* e *Usina de Valor*. Posteriormente, ele foi o fundador do Instituto Brasileiro de *Marketing* Industrial e da Escola de *Marketing* Industrial, ambos localizados em São Paulo – SP.

Ao dar início efetivo à implantação do projeto, uma primeira reunião foi realizada com a equipe de projeto constituída para esse fim, tendo como integrantes gerentes e engenheiros das áreas de *Marketing*, Engenharia de Produtos, Engenharia Industrial e da área de Produção, especialistas representantes do quadro técnico interno da Kepler Weber. A consultoria teve um papel importante nos passos iniciais ao liderar o planejamento, a organização e a execução dos trabalhos, com reporte direto à diretoria da empresa.

Agora, voltemos ao nosso tema: RH Estratégico. Após as primeiras reuniões da equipe de projeto, José Carlos questionou a diretoria sobre a ausência de um profissional de gestão de pessoas na equipe. Ele enfatizou que mudanças importantes aconteceriam, tanto conceituais como operacionais, sendo que um "caldeirão de sopa" com ingredientes de difícil digestão se configuraria: conflitos, incertezas, sentimento de perda e insegurança, entre outros. Por outro lado, era fundamental que, paralelamente a essa situação, uma força positiva fosse iniciada e gerenciada pela equipe: mobilização, motivação e criação de uma expectativa de aprendizagem e realização de um processo novo. Essa metodologia traria importantes resultados e aprendizagem para a empresa, para os funcionários que estivessem à frente do processo e aos demais colegas, os quais teriam participação nas fases posteriores da implantação dessa estratégia.

Dessa forma, fui participar de atividades até então completamente fora do escopo de atuação de um gestor de RH, pelo menos naquela época e naquela empresa. Confesso que inicialmente senti-me perdido, até mesmo questionando o porquê de estar participando das discussões e reuniões do projeto, já que eu tinha outros problemas no RH para resolver. No andamento das atividades, foi ficando claro para todos nós o que a consultoria tinha alertado sobre impactos negativos no clima interno da empresa, já que a grande maioria dos funcionários conhecia as estruturas de produto e formas de produzi-los há muitos anos. Por mais de dez anos, a empresa não tinha feito uma avaliação tão ampla e profunda nos projetos de silos e secadores, seus principais produtos.

Inicialmente, conflitos em relação às equipes das áreas de engenharia começaram a aflorar, resultando na formação de pequenos grupos informais para provar aos demais que seus argumentos eram os certos. As reuniões passaram a se estender em relação aos tempos previamente estipulados, tornando-se uma disputa de quem sabia mais ou quem conseguia vencer a batalha que se configurava constantemente. Nesse momento, ficou evidente a importância do profissional de RH no grupo, percebendo que além de inovações metodológicas, conceituais e técnicas, aquela estratégia seria implantada efetivamente se as equipes realizassem as atividades de forma integrada, motivadas e comprometidas com o objetivo final.

Imediatamente, estruturamos atividades de desenvolvimento de habilidades de liderança, comunicação, relacionamento interpessoal, adição de critérios comportamentais para a seleção de novos engenheiros, entre outras. A área de RH começou a ser demandada pelas outras áreas, com maior exigência de participação não só por meio de programas de desenvolvimento e capacitação, mas principalmente como moderador nas relações internas entre as áreas diretamente envolvidas no projeto.

> "Cuidar do subsistema Sócio-Técnico é zelar pela vida da empresa. A experiência é que pode proporcionar respostas apropriadas. Um segredo talvez seja o de se criar uma companhia compromissada com objetivos claros. Outro, com certeza, é estimular a integridade das relações humanas internas."
>
> *JOSÉ CARLOS TEIXEIRA MOREIRA.*

Passados aproximadamente dois anos, a diretoria já tinha delegado para a Gerência de RH a coordenação de outros desafios importantes, principalmente enxergando nessa área a postura isenta frente às demais, bem como a credibilidade conquistada junto a diretores e gerentes da empresa. Planejamento Estratégico, implantação de Sistema de Qualidade, Reestruturação Organizacional e implantação de software de Gestão da Manufatura foram projetos deslocados para gerenciamento da nova área, que passou a ser chamada de Desenvolvimento Organizacional, com subordinação direta ao Diretor Executivo (CEO) da empresa.

De forma resumida, estou relatando a vocês por onde começou essa caminhada, além das atividades operacionais da área de RH, a atuação integrada com outras áreas em projetos organizacionais importantes para o futuro da empresa resultou na ampliação do escopo de atuação dessa área, não apenas pelo meu desejo e da equipe, mas principalmente pela exigência da diretoria da empresa de que a área de Gestão de Pessoas também tivesse como importante papel e responsabilidade assessorar diretamente os diretores em relação aos projetos estratégicos da empresa, principalmente aqueles que impactassem a cultura organizacional, a dinâmica de poder e a integração entre diretorias e gerências. Completou esse escopo a adição do assessoramento direto aos diretores em relação aos seus processos de gestão e desenvolvimento profissional.

Essa experiência de seis anos na Kepler Weber, onde os resultados dessa forma de atuar foram exitosos, passou a nortear o meu estilo gerencial e de contribuição na gestão das empresas seguintes. Por exemplo, no Hospital Mãe de Deus, onde atuei após a Kepler Weber, após dois anos sob minha responsabilidade e efetiva participação em ações estratégicas do hospital, na época com a Visão de tornar-se a primeira opção para as classes A e B da região metropolitana de Porto Alegre, a Gerência de Recursos Humanos avançou para Diretoria de Recursos Humanos e Informática, evolução sustentada pela participação dessa área na execução de estratégias fundamentais que mudaram o perfil do hospital e alavancaram o seu crescimento.

Paralelamente, fui atrás de referenciais externos que pudessem me oferecer mais segurança nas minhas escolhas e forma de atuação. Foi quando me deparei com um artigo e posterior livro de Dave Ulrich: *Human Resource Champions*. Leitura densa, mas esclarecedora, sobre o novo papel de RH que ele visualizava para os ambientes empresariais, com vários *insights* em relação à organização da área e forma de atuação.

A partir de agora, somando as minhas experiências e os referenciais de Ulrich, vou discorrer sobre o que entendo ser uma área de Gestão de Pessoas com posicionamento estratégico, sem a ambição de ser esta a verdade única. Muitos outros profissionais dessa área também possuem histórias importantes nesse sentido, bem como posicionamentos atuais que vêm trazendo ótimas contribuições para as empresas.

Inicialmente, afirmo que todo o processo de planejamento estratégico que uma empresa se propõe a realizar de forma estruturada gera mudanças fortes na estrutura do negócio. Eu já participei de várias rodadas de planejamento estratégico, seja como executivo ou como consultor, e até o momento não vivi a situação de manutenção da estrutura de negócios atual, mesmo que os resultados alcançados sejam ótimos, é do gene dos empresários e executivos a busca de constante melhoria na gestão e alcance de resultados superiores. Ao definirem novos objetivos estratégicos, na sequência vem a definição de estratégias e planos de ação, que uma vez implantados, levarão a empresa para o alcance de outro patamar, seja de resultados e/ou da forma como competirá no mercado.

A figura a seguir simboliza o que eu chamo de "efeito gelatina", mesmo que a maior atenção do planejamento estratégico esteja em um dos fatores, por exemplo, Capital. Como um exercício para o entendimento desse meu posicionamento, já que sabemos que não se coloca toda a energia em apenas um dos fatores, o impacto na forma de organização da empresa contemplará outros elementos: estratégias, pessoas, cultura organizacional, estrutura organizacional e processos. Efeito semelhante quando tocamos a gelatina com a colher: toda ela estremece.

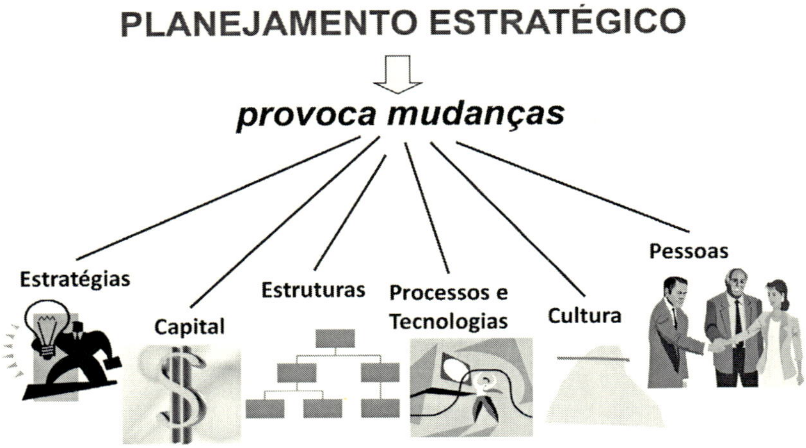

Objetivos e projetos que contemplem ganhos de produtividade, lançamento de novos produtos e serviços, adoção de nova tecnologia, expansão para novos mercados, entrada em um novo negócio, ou em sentido contrário, a redução na estrutura da empresa, a saída de determinados mercados e a descontinuidade de linha de produtos são caminhos normalmente estudados, e a decisão pela implantação de algumas dessas estratégias normalmente ocorre em processos de planejamento estratégico.

O questionamento que devemos fazer nesse momento é o quanto a área de gestão de pessoas dessa empresa está preparada ou se preparará para dar sustentação organizacional a essas importantes estratégias que foram construídas para o desenvolvimento da empresa. Certamente, os fatores Cultura Organizacional e Pessoas demandarão forte gestão, uma vez que por meio deles é que efetivamente as coisas acontecerão. Se o ambiente interno for resistente a mudanças, sendo essa resistência fundamentada em crenças, preconceitos e valores, não será um pedido formal do CEO em um coquetel ao final de tarde de uma sexta-feira que eliminará essa barreira.

Vejo que ainda algumas organizações adotam ações únicas de curto prazo, como a atividade concentrada em um lindo hotel no fim de semana, com dinâmicas de grupo para a integração e o fortalecimento do relacionamento entre as equipes. Durante a atividade, tudo funciona muito bem, mas na segunda-feira, os comportamentos retornam aos estilos vigentes até então. *"Todos gostaram muito do programa de desenvolvimento, mas alguns continuam não se cumprimentando no elevador..."*

A figura abaixo, um modelo formulado por Dave Ulrich, nos auxilia a diagnosticarmos como a gestão de pessoas está posicionada na empresa e qual o destino desejado para realmente essa área contribuir para o desenvolvimento do negócio.

Empresas que não investiram em políticas e práticas de gestão de pessoas mais contemporâneas apresentam o posicionamento Tradicional. Atendem às necessidades processuais de pagamento, controle e movimentações de pessoal, adicionando a gestão de benefícios que normalmente foram formalizados em acordos coletivos, convenções coletivas ou legislação trabalhista. Não têm influência na seleção e desenvolvimento de gerentes e diretores. Não participam de reuniões de avaliação de resultados ou projeção de estratégias, projetos e ações de impacto no negócio. Normalmente, ocupam de nível intermediário para baixo na estrutura organizacional da empresa. Caracterizam-se por ter um RH com Foco Operacional, ênfase em controle e assistência aos funcionários.

Certamente, esse modelo não sustentará o movimento de mudança que a empresa possa estar projetando ou até mesmo implantando. Essa empresa dependerá de uma forte liderança instalada em outra área ou na própria diretoria para se dar conta dessa deficiência. Dois caminhos poderão ser trilhados:

- Essa liderança não só diagnostica o problema de ter um RH com foco operacional, mas assume o papel de capitanear as ações de gestão de pessoas que darão apoio à implantação de estratégias e projetos; não é raro encontrarmos líderes das áreas de engenharia ou produção ou *marketing* assumindo esse papel por deficiência ou omissão do RH.
- Essa liderança não só diagnostica, mas busca auxilio externo por meio de consultoria especializada em gestão de pessoas para orientar e trazer metodologias que impulsionem as equipes na direção das estratégias e projetos prioritários.

Em um processo evolutivo, encontramos organizações com a gestão de pessoas estruturada com políticas e práticas gerenciais mais padronizadas e direcionadas para o reconhecimento e desenvolvimento de desempenhos individuais. Sistemas de treinamento operacional e desenvolvimento de lideranças estão instalados e integrados às decisões de seleção e promoções internas. A avaliação de desempenho é praticada contemplando os níveis operacionais e gerenciais, sendo que em alguns casos vinculada a algumas metas e indicadores de desempenho do negócio. Decisões sobre a promoção ou contratação de executivos acontecem com o referencial de perfis comportamentais, adicionando-se aos requisitos técnicos até então utilizados com exclusividade. A área de gestão de pessoas adquire o *status* gerencial, participando de reuniões e assuntos em nível tático-operacional. Eventualmente, por necessidades específicas, o gerente dessa área é chamado para participar de alguns momentos da reunião de diretoria, mais com o objetivo de oferecer informações para o processo decisório do que efetivamente participar dele. Caracteriza-se por enfoque em Normas e Processos, contemplando a consolidação de políticas e práticas sistêmicas de RH. Adicionando ao posicionamento de Controle, também o posicionamento em Resultados do Negócio é considerado, momento em que algumas metas e indicadores entram no escopo da gestão de pessoas. Sistemas de participação em lucros e resultados fortalecem esse direcionamento da área para os negócios da empresa.

Diferentemente do estágio anterior, este possibilita que a área de gestão de pessoas participe nos grupos responsáveis por projetos e ações estratégicas, apoiando-os com a sua *expertise* em gente. Se o gestor da área de gestão de pessoas exerce influência positiva no grupo gerencial e nas equipes técnicas, pode abrir espaço interessante para assumir a liderança e até a coordenação de ações consideradas estratégicas, principalmente as de foco organizacional: redesenho de estruturas, integração e treinamento de estruturas terceirizadas, integrações funcionais com fornecedores, entre outras oportunidades. Lembro-me de que ainda na Kepler Weber houve uma iniciativa estratégica de integração das áreas de Planejamento e Controle da Produção da nossa empresa com a WEG, importante grupo industrial de Jaraguá do Sul – Santa Catarina. A WEG fabricava uma linha de motores quase que exclusivamente para a Kepler Weber. O desafio foi estruturar as programações de produção das duas empresas de forma que houvesse redução de tempo e custo, além de ganhos de produtividade para ambas. O projeto foi um sucesso, mas as áreas de RH tiveram que participar no sentido de minimizar preconceitos e resistências das equipes em "abrir suas informações", já que as informações de custos eram fundamentais para a análise da situação e proposição de nova sistemática. Outro requisito importante foi desenvolver nível de confiança entre as duas equipes. Primeiramente, os *"computadores já estavam se falando, mas as pessoas não..."*.

Por último, considerando o modelo de Ulrich, o posicionamento estratégico de Recursos Humanos acontece. Situação que se configura quando efetivamente essa área participa na definição de metas do negócio, nas discussões de quais estratégias deverão ser revisadas ou implantadas, como em prazos mais longos em que a empresa estará estruturada, entre outros temas. Normalmente, nesse estágio, a área de Gestão de Pessoas ocupa uma posição na diretoria da empresa, algumas vezes sem ainda ter o cargo de Diretor, mas com "cadeira na mesa de decisões". Programas de sucessão, avaliação de potencial, sistema de remuneração diferenciado com alternativas de variáveis, bônus e outras formas de reconhecimento, incentivos parciais ou integrais para o desenvolvimento de idiomas e a participação em programas em nível de especialização e mestrado são instalados na gestão da empresa.

> "Encontrar tempo para pensar e gerenciar a estratégia é um desafio constante para os líderes. É claro que você sabe que precisa trabalhar nisso de vez em quando e reconhece que sua equipe gerencial também necessita dos seus insights. Mas é você quem deve abrir agenda para isso. Os gestores caem na armadilha das demandas esmagadoras do dia a dia e tornam-se prisioneiros de rotinas."
>
> *HEIKE BRUCH.*

A área de gestão de pessoas passa a experimentar um vínculo muito forte com a gestão do negócio, passando de uma fase de trabalhar por encomenda, quando, por exemplo, a diretoria passa horas discutindo um problema e ao final da reunião chama o RH: *em 15 minutos pede uma pesquisa salarial em relação aos seus gerentes...*

No momento em que o gestor da área de pessoas está na reunião de diretoria, sentado em nível igual aos demais, ele passa a entender a origem da encomenda, os reais interesses e principalmente a influenciar a decisão. Um dos sinais positivos de que esse posicionamento se tornou fundamental é quando as reuniões de diretoria atingem o estágio de *"a reunião de diretoria não acontecerá se o RH não tiver agenda disponível"*, atingindo *status* semelhante ao da área financeira, por exemplo. O líder da área de RH e integrantes seniores da equipe saem do papel de participantes para o de um dos protagonistas na gestão da empresa. Ressalto que não se adquire essa posição por mandato, mas conquista-se com efetivas entregas sustentadas por contribuições efetivas que impactem os projetos estratégicos da empresa, obtendo-se assim o consequente aval dos demais diretores e gerentes para a validação da importância de recursos humanos na gestão da empresa.

Certamente, este é o posicionamento em que a contribuição de RH é plena, conseguindo entender os movimentos estratégicos da empresa, suas dificuldades organizacionais e direcionar as práticas e projetos de gestão de pessoas ao encontro dos objetivos estratégicos do negócio. Consolida-se com ênfase em Foco no Futuro, com importante posicionamento em Resultados e principalmente Flexibilidade em suas práticas e estruturas organizacionais, validando modelos adaptativos às rápidas mudanças internas e externas à empresa.

É importante salientar que na evolução do modelo de gestão de pessoas analisado anteriormente, que as funções comentadas nos estágios precedentes não são eliminadas. Elas são necessárias para o funcionamento da empresa, até mesmo para o atendimento aos requisitos legais. O que algumas empresas fazem é separar as atividades operacionais das mais estratégicas, criando subáreas em RH. De maneira mais ousada, a solução de alocar a Administração de Pessoal e Benefícios em outra área, sob um gerenciamento com enfoque mais administrativo, também é adotada.

Os modelos de Consultoria Interna se proliferaram em empresas brasileiras, principalmente nas de maior porte. Eles têm como principal objetivo aproximar a gestão de pessoas das demais áreas, inclusive deslocando profissionais de RH para atuarem fisicamente junto aos seus clientes internos, participando do dia a dia da área cliente, suas reuniões e principalmente assessorando-os nas necessidades referentes a gente. Ulrich orienta-nos em relação a esse primeiro posicionamento como um importante passo na direção para instalar uma gestão estratégica de pessoas. A seguir, alguns atributos que entendo como importantes para a operacionalização do modelo de consultoria interna de RH:

a. Profissionais alocados na posição de consultor interno ter conhecimento generalista das funções de gestão de pessoas instaladas na empresa. Normalmente, o profissional vem de uma dessas funções, como especialista em remuneração por exemplo, mas precisa saber sobre as demais para diagnosticar e sugerir soluções de acordo com as necessidades que se apresentam. Saber onde buscar o apoio de colegas da sua área de RH para suprir com conhecimentos especialistas em gestão de pessoas é fundamental para o sucesso desse modelo;

b. É importante que a área de gestão de pessoas, por meio do seu gestor principal, esteja posicionada próxima ou dentro da diretoria da empresa. Que tenha trânsito normal para minimizar o *"trabalhar sob encomenda"* e efetivamente participe na origem das decisões;

c. Além do apoio às demandas relacionadas a gente, é desejável que o RH seja percebido pela área cliente como participante importante em alguns dos seus projetos ou desafios, contribuindo efetivamente para que eles aconteçam; ter o prazer de ver o cliente no pódio quando este superar os seus resultados, sendo o consultor interno reconhecido como importante apoio ao seu cliente;

d. Ter a habilidade e o discernimento para, ao representar a sua área cliente junto aos colegas de gestão de pessoas, influenciar a adequação ou adoção de práticas mais flexíveis que permitam facilitar o desempenho daquela área, mas com todo o cuidado em relação a não desrespeitar as questões legais e valores institucionais que a empresa exige que sejam praticados;

e. É fundamental que na estrutura da área de gestão de pessoas os processos estejam bem definidos e internalizados na empresa, facilitando aos consultores internos buscarem na sua área de origem as ferramentas, metodologias e sistemas que resolverão os problemas encontrados nas suas áreas clientes. A não disponibilidade desses recursos aos consultores internos, em médio prazo, inviabiliza o modelo. Eles levantam oportunidades, "prometem" na área cliente as soluções, mas quando vêm à área de RH para buscá-las, encontram processos desorganizados, desatualizados ou até mesmo insuficientes.

"Quase duas décadas depois de David Ulrich ter lançado o conceito de HR Business Partner (BP), no livro Human Resource Champions, as empresas ainda confundem o papel desse profissional. O guru da gestão de pessoas criou a figura do Consultor Interno de RH com o objetivo de aproximar o departamento das áreas de negócios."

REVISTA EXAME JUL/2013.

A evolução desse modelo estratégico de gestão de pessoas levou para a denominação de *Business Partner*, ampliando o escopo até então definido para os Consultores Internos de RH. Mesmo que esses conceitos tenham surgido para o mundo dos negócios por meio de Ulrich nos anos 1990, ainda hoje algumas dúvidas pairam sobre qual é realmente o papel desse profissional e as suas principais contribuições para a gestão das empresas. Uma das formas que eu adoto, adaptada das figuras utilizadas por Ulrich, é o que eu chamo de "Modelo Cebola", com camadas de participação e protagonismo:

Como resultante de um processo evolutivo, o gestor de pessoas assume um papel importantíssimo na organização do negócio, participando de decisões e agindo juntamente com as demais áreas da empresa com os olhos no futuro, atuando de forma construtiva na execução das estratégias, não como um especialista nos temas inerentes às ações em implantação, mas sim como especialista em gente liderando e apoiando as lideranças das áreas clientes em relação a conflitos, evolução cultural, mobilização das equipes, capacitação, integração com colegas internos e externos, busca e internalização de tecnologias e novas práticas.

Importante salientar neste momento que o *Business Partner* não deve ocupar o espaço dos gestores das áreas na liderança das suas respectivas equipes; com muita cautela, exercerá sua influência em decisões, avaliações e orientações, assumindo um papel de coadjuvante no contexto das respectivas áreas clientes.

O *Business Partner* demanda senioridade, não apenas em conhecimento, mas também em experiência e conduta pessoal. Grande parte do sucesso desse modelo está na real capacidade de entrega dos profissionais alocados nessas posições, principalmente a credibilidade percebida pelos seus clientes em razão do seu comportamento justo, maturidade nos seus relacionamentos, experiência acumulada e comprometimento com os objetivos institucionais. Claro que, como profissional de gestão de pessoas, sua conduta deve estar alinhada com os preceitos éticos e morais.

> "Na maioria dos casos, o verdadeiro problema não é a 'má estratégia', mas sim a execução."
>
> *RAM CHARAN.*

Considerando toda a evolução tecnológica que aconteceu nos últimos anos nos diversos ambientes empresariais, impactando diretamente o relacionamento interno e externo das pessoas com as empresas, bem como o que estará vindo em curto prazo que certamente modificará drasticamente as formas atuais de as empresas se organizarem, certamente nós, as pessoas, precisaremos muito do apoio dos especialistas em gente, independentemente de estarmos em posições executivas ou operacionais.

Sempre afirmo que não podemos nos esquecer de que Empresa é uma entidade que a sociedade construiu para suprir as suas necessidades de bens e serviços. Com o crescimento e ampliação no campo de atuação dessa entidade, ela também assumiu o papel de um espaço importante para a realização profissional e o provimento de recursos para o desenvolvimento pessoal e dessa mesma sociedade. Portanto, qualquer processo de evolução na organização das empresas não pode eliminar a entidade principal para a qual elas foram criadas: Pessoas.

Ulrich continuou a sua jornada de contribuições sobre o tema Organização e Atuação das Áreas e Profissionais de RH adicionando alguns livros já lançados no Brasil, tais como:

a. *A Transformação do RH: Construindo os Recursos Humanos de Fora para Dentro*. Dave Ulrich... Porto Alegre/Bookman, 2011.
b. *RH de Dentro para Fora: Seis Competências para o Futuro da Área de Recursos Humanos*. Dave Ulrich... Porto Alegre/Bookman, 2013.
c. *Competências Globais do RH: Agregando Valor Competitivo de Fora para Dentro*. Dave Ulrich... Porto Alegre/Bookman, 2014.

Ele sugere seis conjuntos de competências importantes para o profissional de RH contemporâneo, como um referencial para o desenvolvimento desses profissionais, sempre considerando a atuação integrada e direcionada para os Negócios, principalmente como protagonista na construção do futuro das organizações:

1. *Ativista confiável*: faz o que promete fazer; integridade e credibilidade interna são a sua marca, principalmente pelos resultados que alcança liderando projetos e com efetiva participação; é flexível nos seus relacionamentos, mas pautado pela idoneidade ética e moral; manifesta posições fortes sobre a gestão do negócio, mas de forma colaborativa e construtiva.

2. *Posicionador estratégico:* aloca energia para entender o contexto externo. Tendências econômicas, políticas, sociais e tecnológicas são campos de seu interesse; analisa com relativo domínio a estrutura e o processo de gestão das organizações onde atua, integrando essas visões com as formas que a indústria em que a sua empresa atua se molda; participa no desenvolvimento de estratégias de ne-

gócio centradas no mercado, compatibilizando com a organização interna da sua empresa.

3. *Construtor de capacitações:* ajuda de forma consistente a definir e desenvolver habilidades organizacionais importantes para o futuro do negócio, focando indivíduos e equipes; lidera a internalização de capacitações organizacionais vitais para a evolução da empresa, tais como inovação, foco no cliente, níveis de eficiência e comprometimento com propósitos institucionais.

4. *Campeão de mudança:* os profissionais de RH devem desenvolver a capacidade de mudança das suas organizações e depois transformar essa capacidade em processos, sistemas e estruturas de mudanças efetivas; lidera a adequação do ambiente empresarial para o novo, para as estratégias que colocarão a empresa em novos patamares de operação; gere os conflitos e as resistências naturais ao novo, reintegrando indivíduos e equipes à nova empresa em construção.

5. *Inovador e integrador de pessoas:* desenvolve a capacidade de inovar e integrar práticas de RH em torno das questões estratégicas para o negócio; apoia a construção de competências organizacionais prioritárias ao negócio, sustentando-as com ações consistentes de capacitação e avaliação de desempenhos e resultados.

6. *Proponente de tecnologia*: é parceiro na evolução digital que já está dentro das empresas, e em alta velocidade pautada por movimentos importantes do mercado; conscientiza e desenvolve a cultura organizacional aberta para essa evolução, inclusive enxergando e viabilizando processos integrados com fornecedores e clientes.

Concluindo, fica evidente que o crescimento sadio dos negócios neste século XXI certamente passará por como as pessoas vão reagir, se organizar e se capacitar para colocar em prática novos conceitos na gestão empresarial; como adotarão de forma produtiva novas metodologias e materializarão a eficaz integração dos inovadores recursos tecnológicos às suas vidas, no campo profissional e pessoal.

CASO 7:

SITUAÇÃO:

Quando assumi a Gerência de Recursos Humanos no Hospital Mãe de Deus, vindo de experiências no meio industrial, dei-me conta de que eu estava em uma empresa com funcionamento pleno de 24 horas por dia e 365 dias ao ano, oferecendo um produto que todos nós valorizamos e colocamos à frente de qualquer outro: a Vida. Na época, o hospital estava com aproximadamente 1.300 funcionários. Imediatamente, comecei a planejar a organização do RH com o modelo de Consultoria Interna, entendendo ser fundamental para suportar a gestão de equipes especialistas e atuando em áreas complexas e sujeitas a níveis superiores de stress, situação inerente a ambientes hospitalares: áreas de Emergência, Cuidados Intensivos, Bloco Cirúrgico, entre outras. Um dos problemas naquele momento era a alta rotatividade na área de Enfermagem, que se somava à ação sindical forte e com voz ativa internamente na instituição. Diagnostiquei a perda que o RH gerava por estar distante da operação do negócio, trabalhando constantemente para "apagar o incêndio", com pouca possibilidade de intervir na origem, ou seja, onde as equipes atuavam. Da equipe de RH, os quatro profissionais mais qualificados foram promovidos para Consultores Internos, direcionados para o atendimento às suas áreas clientes. Definiu-se que esses consultores internos de RH seriam alocados fisicamente junto aos gestores das respectivas áreas, acompanhando os movimentos normais das equipes.

PROBLEMA:

No momento que os profissionais mais qualificados da equipe de RH foram deslocados para a linha de frente, rapidamente conseguiram integrar-se com os colegas gestores, alcançando melhoria na agilidade para identificar necessidades em relação à gestão de pessoas. Também o nível de confiança e credibilidade dos consultores internos aumentou, possibilitando atuarem de forma mais direta junto às equipes. Passados 12 meses, a quantidade de demandas no RH aumentou muito, mas com um problema: a equipe que ficou na área era mais júnior, não conseguia dar respostas no tempo de que os consultores internos necessitavam. Outro problema começou a aflorar, os sistemas de recrutamento, seleção e remuneração foram ficando desatualizados e lentos, já que a capacidade de manutenção e a evolução desses processos baixaram muito. Como resultado, passados dois anos, tivemos que recuar e reorganizar a área de Recursos Humanos, com o foco em rápida restruturação dos sistemas e processos internos.

APRENDIZAGEM:

A euforia em fazer rapidamente o que eu entendia como certo, sem considerar o todo envolvido, principalmente a estrutura fixa de especialistas para a manutenção e evolução dos processos-chave da área de RH, invalidou a instalação do modelo. Os consultores generalistas diagnosticavam os problemas, pensavam sobre as soluções adequadas, mas não encontravam suporte técnico e até de quantitativo de pessoal em RH para executá-las. Certamente, o modismo e a ansiedade foram inimigos em me cegar para um problema que lentamente foi se avolumando, mas eu não o reconhecia como importante.

CONCLUSÃO:

Acredito no modelo de Business Partner em Gestão de Pessoas, contemplando toda a sua amplitude, alcançando o nível de diretoria e até mesmo de conselho de administração, mas só funciona se a estrutura da área de gestão de pessoas estiver com os seus processos e sistemas em condições de dar respostas no tempo e na qualidade demandados pelo ritmo do negócio. Outro fator importante, esse modelo sustenta-se caso os profissionais alocados nessa posição de Business Partner tenham senioridade, tanto em termos de conhecimento e experiência, somada à maturidade, para transitar e contribuir em arenas com comportamentos não previsíveis e complexos. O mundo do trabalho mudou e mudará muito nos próximos anos, em dimensões até então não experimentadas, portanto, a necessidade de especialistas em gestão de gente só aumentará. O grande desafio é o quanto os atuais profissionais de gestão de pessoas estão conseguindo acompanhar essa revolução.

VAMOS CONVERSAR?

1. Segundo o modelo de Ulrich, em que posicionamento está a Gestão de Pessoas na empresa em que você atua ou recentemente atuou? Justifique.

....

....

....

....

....

2. Cite três importantes ações estratégicas dessa empresa em que o profissional de gestão de pessoas, na posição de *Business Partner*, poderia contribuir para o desenvolvimento dos negócios. Justifique.

....

....

....

....

....

Anotações:

....

....

....

....

....

....

8.

Estrutura Organizacional: Ação Estratégica para Obter Resultados

César Nivinscki – Consultor Empresarial com experiência em importantes organizações de diversos segmentos. Sócio da Prisma Resultados, atua com Planejamento e Gestão, Reestruturação Organizacional e Otimização de Resultados. Formação em Ciências Contábeis pela Faculdade São Judas Tadeu. Docente na ESPM.

– A empresa é forte, possui todas as funções de uma grande organização, todos sabem o que fazer, temos os melhores profissionais, mas estamos gerando prejuízo. Nosso cliente não quer pagar além do preço que outras estão oferecendo.

– As decisões não fluem, as reuniões são intermináveis, os funcionários não estão autorizados a decidir nada, o ritmo operacional é truncado, são necessárias diversas autorizações. Acredito que temos muitos caciques.

– As vendas estão muito boas, surgiram novos clientes, conseguimos manter e até reajustar preços, mas pedidos se amontoam, não estamos entregando no prazo.

– Nós, os diretores, atuamos aqui em tempo parcial e gostaríamos de ficar mais tranquilos ao ver a entidade funcionando de forma mais autônoma, a operação funcionando e podermos decidir questões mais relevantes.

– Desejo afastar-me em alguns anos, mas percebo que o funcionamento depende demais da minha presença, das minhas decisões, desde as mais simples até as mais complexas. E gostaria de entregar a empresa mais organizada para meus filhos.

São preocupações típicas que resumem o que tenho escutado em organizações de diversos portes e segmentos, incluindo indústrias, prestadoras de serviços, distribuidoras, clubes, sociedades anônimas, cooperativas, escolas, empresas familiares, entre outras. Cada uma com suas particularidades disputando em diferentes contextos de negócios e tendo enfrentado percalços complexos, porém com uma característica em comum: um indivíduo ou um pequeno grupo de indivíduos com espírito empreendedor atuando obstinadamente para erguer uma organização que cumpra papel importante para si e para outros e construa uma bela história de sucesso e realizações, sendo necessário assumir riscos de toda ordem, tanto pessoais quanto empresariais.

Na fase inicial dos empreendimentos, esse indivíduo ou esse pequeno grupo faz de tudo: "coloca as mãos na massa" ao planejar atividades, desenvolver produtos e serviços, entender o funcionamento de tributos e obrigações legais, comprar insumos, realizar vendas, produzir, providenciar entregas, receber pagamentos, cobrar atrasados, quitar compromissos financeiros, controlar contas bancárias, administrar os poucos funcionários e buscar fontes de financiamento. Com o crescimento dos negócios, torna-se impossível realizar todas as atividades, quer seja em função da equação volume de trabalho *versus* tempo disponível, quer seja pela necessidade de maior especialização em conhecimentos técnicos e habilidades gerenciais e de constante atualização sobre novidades tecnológicas e de mercado.

Em dimensões muito maiores, temos as grandes organizações, aquelas que atuam em âmbito regional, nacional ou multinacional e que buscam formas de replicar um modelo de funcionamento vencedor em larga escala. Em geral, o empreendedor ou os sócios estão distantes da execução e necessitam estabelecer meios que garantam a viabilização de suas decisões, a realização das atividades operacionais e o fornecimento de controle sobre as mesmas.

Dessa complexidade presente nas organizações de todos os portes, surge a necessidade de estabelecimento de uma eficaz estrutura organizacional com o principal objetivo de organizar a casa, obter funcionamento mais racional e produtivo para o alcance de resultados desejados por meio da distribuição das atividades, do estabelecimento de atribuições e responsabilidades e da formatação do sistema de autoridade e tomada de decisão. Destaco alguns modelos adotados tradicionalmente e outros mais contemporâneos. Cabe ressaltar que, na maioria das vezes, as organizações adotam estruturas mistas que conjugam dois ou mais modelos para melhor atender às suas necessidades, podendo utilizar-se desse expediente em um mesmo ou em diferentes níveis hierárquicos.

Simples: estrutura de dois níveis hierárquicos, em geral, o dono e sua equipe.

Utilizada por empresas de pequeno porte ou no início de sua atuação.

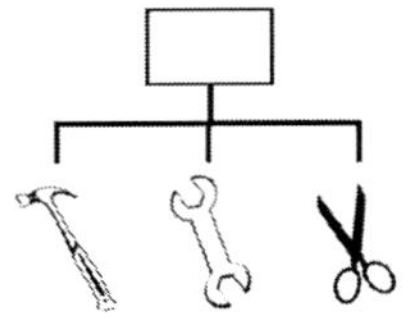

Funcional: estrutura clássica estabelecida pelo agrupamento de funções por similaridade. Tende a reforçar a especialização, comunicação formal, centralização de decisões, normatização e hierarquia.

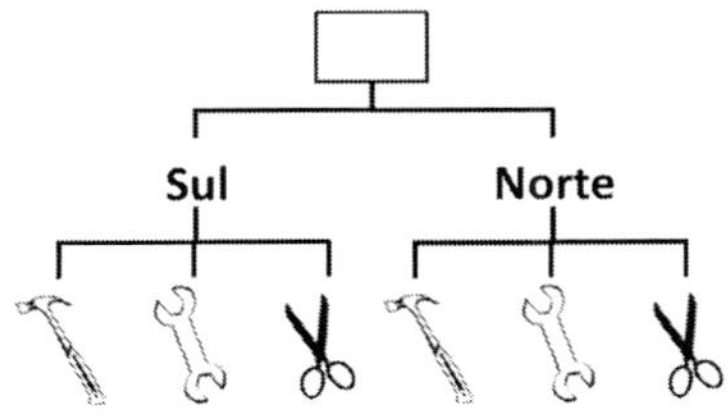

Divisional – por Território: estrutura formatada para atuação descentralizada em bases geográficas. Utilizada para permitir que a organização se ajuste mais facilmente à realidade de cada território.

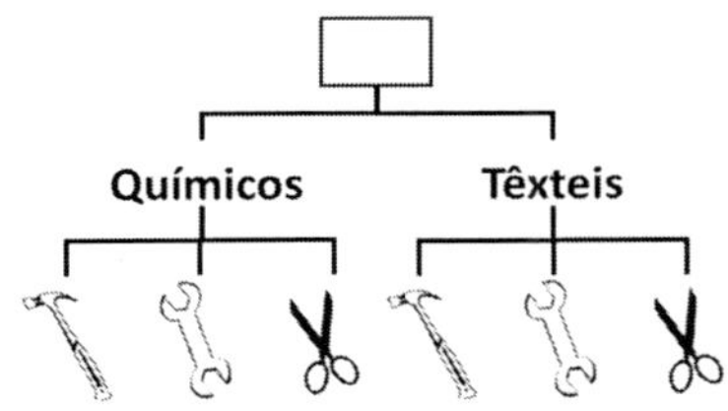

Divisional – por Produto/Serviço: estrutura utilizada por empresas que ofertam distintas linhas de produtos e serviços, visando permitir que a organização flexibilize sua atuação conforme a realidade de cada uma delas.

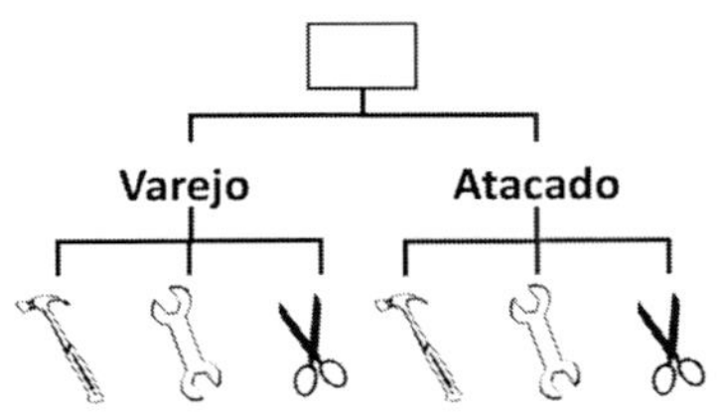

Divisional – por Cliente/Canais: estrutura implantada por organizações que atendem à forte diversidade de carteiras de clientes ou de canais de comercialização com o objetivo de permitir melhor adequação às características e necessidades de cada uma delas.

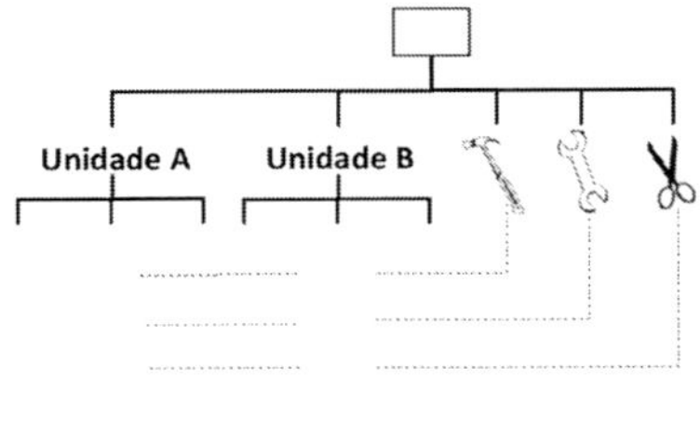

Matricial: estrutura baseada na utilização simultânea de duas ou mais formas de estrutura sobre uma mesma unidade ou área. Aplicável a organizações que necessitem estabelecer vinculação ao gerenciamento local e da corporação e/ou que desejem a otimização do uso de recursos. Gera dupla ou múltipla subordinação.

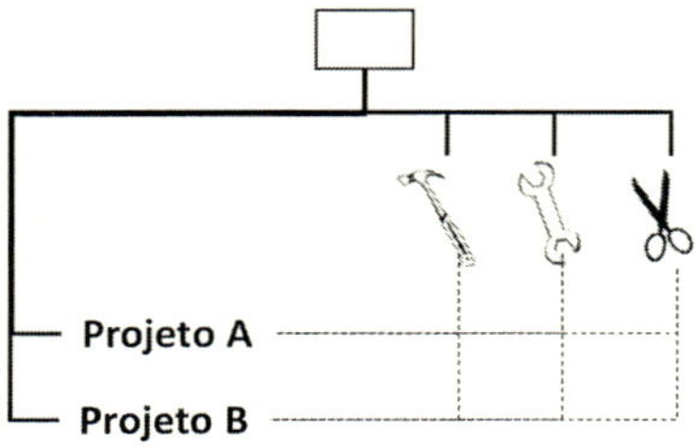

Por Projetos: estrutura formatada para atuação em projeto específico, por prazo determinado, facilitando a dedicação da equipe aos objetivos do mesmo. Admite compartilhamento de recursos, inclusive de pessoal. Pode gerar dupla subordinação.

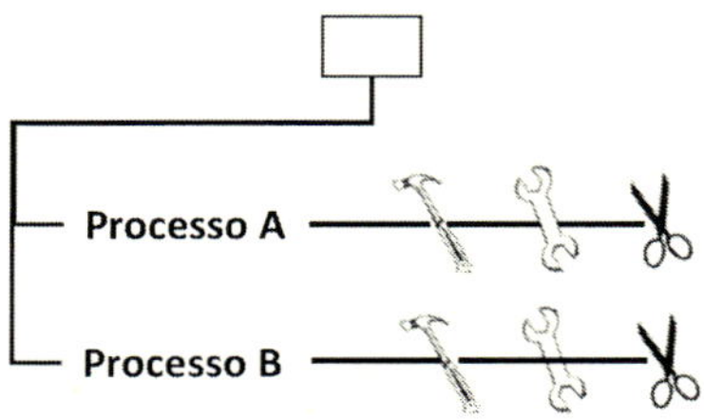

Orientada a Processos: estrutura adotada por organizações que buscam otimizar e acelerar a execução de processos de negócio críticos ao seu sucesso por meio de forte integração dos envolvidos sem as limitações de estruturas funcionais.

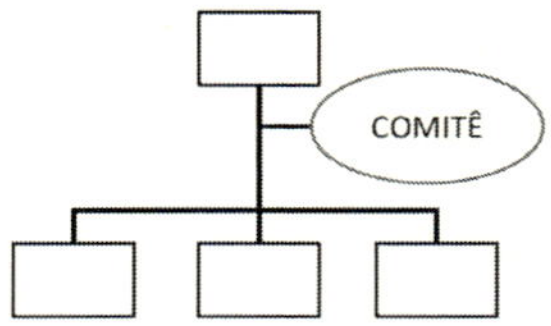

Colegiada: estrutura que oportuniza atuação conjunta de representantes de diversas áreas ou funções na busca de decisões mais criativas, políticas ou negociadas. Pode ser de atuação permanente ou temporária e ter função executiva, consultiva ou de integração.

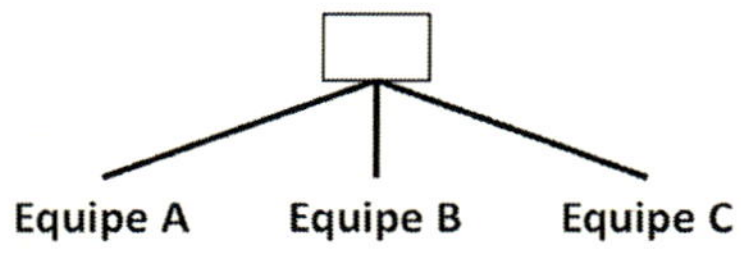

Equipes Autogerenciadas: estrutura baseada na forte redução de níveis hierárquicos e no conceito de empoderamento das equipes para a tomada de decisões. O agrupamento de funções pode utilizar os modelos acima citados e são utilizados também comitês sobre temas específicos e forças-tarefa para a solução de questões pontuais.

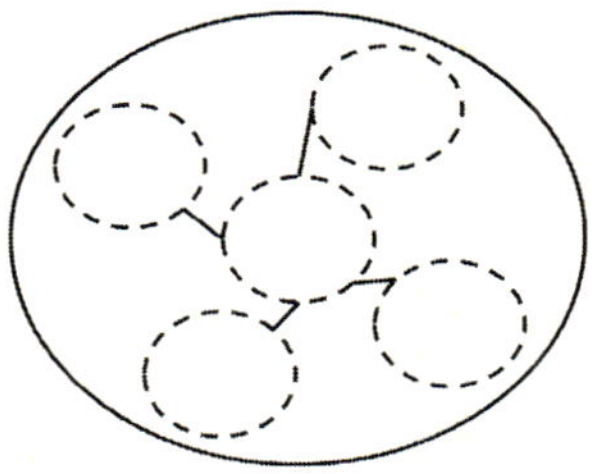

Holocracia: estrutura flexível sem cargos, chefes e hierarquia tradicionais. Grupos de trabalho possuem autonomia, definem papéis e são responsáveis por metas combinadas. Objetiva motivar a participação de todos, facilitar mudanças, incentivar a criatividade e acelerar a tomada de decisões.

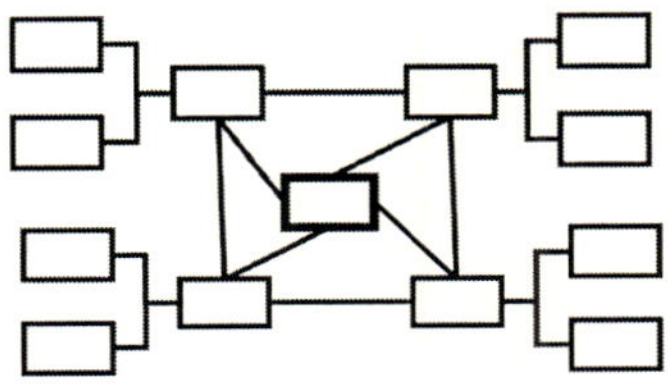

Em Rede: estrutura que liga distintas organizações independentes que se associam por um mesmo objetivo por meio de acordos e contratos, cada uma respondendo por determinada função. Cabe a uma das organizações liderar o funcionamento da rede.

A estrutura organizacional é elemento decisivo para que as organizações possam obter *performance* adequada em seus processos de negócio, pois pode acelerar ou emperrar a execução de atividades que possuem sequência lógica para sua realização e que produzem resultado após envolver diversas áreas.

Tive a oportunidade de observar situações nas quais os processos estavam muito bem descritos, formalmente aprovados e eram adequadamente seguidos, mas apresentavam resultados parciais e muito demorados, além de produzirem informações e entregas que não agregavam valor ao cliente. A soma de diversas atividades bem executadas não garantia o resultado do processo sob o ponto de vista das necessidades e expectativas do cliente, na realidade, havia geração de resultados somente com efeito departamental.

O acompanhamento da prática desses processos permitiu diagnosticar que a estrutura organizacional pode representar grande entrave à obtenção do ritmo adequado em decorrência da fragmentação imposta ao fluxo de atividades, tornando-o demorado, repetitivo e oneroso. Em parte, essa situação se estabelece pela existência de prioridades distintas entre as áreas em função da relevância atribuída à atividade por cada uma delas para o alcance de seus objetivos e metas setoriais e da prática de diferentes estilos de gestão. Natural que também se observe impacto negativo no andamento dos processos pelo surgimento de conflitos de gerenciamento e pela insuficiente alocação de recursos.

Nesses casos, acabamos por observar tentativas de acelerar partes isoladas do processo e gerar mecanismos de proteção contra futuras cobranças, o que acaba se materializando na criação de atividades alternativas para suprir lacunas, execução de trabalhados em duplicidade, reprocessamento de informações e a realização de controles paralelos com consequente adição de custos operacionais não previstos.

Quem paga essa conta? Continuará pagando? Os proprietários convivem com essas situações por vezes sem a clareza necessária quanto ao real impacto no resultado econômico, sem mensurar quanto seria possível melhorar por meio de uma formatação diferente da existente.

O montante dessa conta inclui a perda de capacidade de desempenho das estruturas tradicionais frente a alterações tecnológicas, novos hábitos de consumo, múltiplos canais de comunicação e outras transformações que o ambiente de negócios tem experimentado, percebida por meio da não geração de respostas adequadas em termos de entregas, flexibilidade e transparência das informações. É necessário analisar também pelo viés de custos, uma vez que modelos de negócio tradicionais estão sendo surpreendidos e substituídos por modelos inovadores baseados em estruturas organizacionais mais simples e ágeis, portanto, menos onerosas. Em geral, o alerta surge durante uma crise conjuntural que impacte todos ou em função do surgimento de um novo concorrente que altere e até transforme os referenciais no segmento de mercado.

Em outros casos observados, proprietários ou seus representantes convivem com essas situações por longo período de tempo sabedores das consequências, mas necessitando e/ou preferindo contorná-las em função de implicações não técnicas, mas de ordem societária, política e de poder. Essa dificuldade gerada pelo jogo de influências atinge não somente as sociedades de muitos donos, mas também aquelas com poder concentrado, independentemente do porte, muito em função do relacionamento pessoal estabelecido, do grau de contribuição das pessoas nos momentos pretéritos e da representação de diversas forças envolvidas, por exemplo, o vínculo com determinados clientes ou canais de distribuição, representatividade perante a sociedade ou proximidade ao sócio majoritário.

> "Se o dono de um negócio em crise não tem vontade de realmente mudar as coisas, aí não dá mais para recuperar."
>
> *CLÁUDIO GALEAZZI*

Muitas são as preocupações ao escolher o modelo mais adequado e a experiência tem mostrado que há um fator extremamente relevante, a necessária eficácia dos processos que visam suprir demandas dos clientes quanto ao seu atendimento e o processamento de suas solicitações e pedidos. Serão parciais e de curto prazo os ganhos focados unicamente na eficiência operacional em termos de redução de custos e otimizações internas, haja vista que em condições de preço e qualidade similares os clientes tenderão a migrar para fornecedores que melhor realizem o atendimento, prestem informações únicas e confiáveis e não gerem a percepção ao cliente de que está sendo empurrado para outras áreas dentro da mesma empresa até que alguma resolva seu problema.

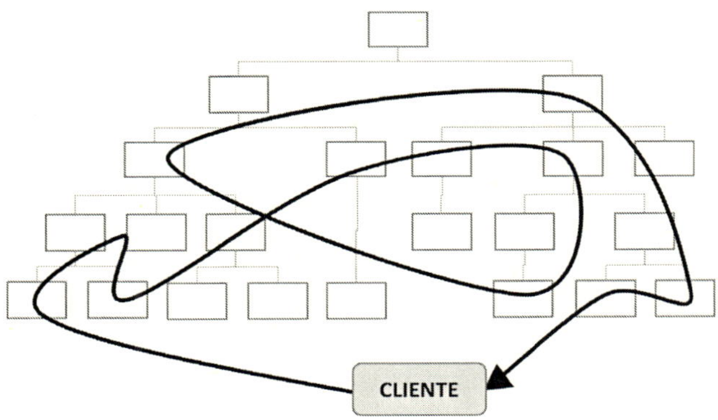

Atuei para uma importante indústria nacional fabricante de bens de capital, detentora da mais avançada tecnologia existente à época e ofertante dos melhores e mais tradicionais produtos em seu segmento e que estava perdendo relevante fatia de participação de mercado; e apesar de ser a marca mais desejada e solicitada, não estava conseguindo fechar pedidos. O Brasil vivia turbulência econômica e, por questão de segurança, as instituições financeiras estavam mais seletivas ao conceder crédito e uma das medidas adotadas foi encurtar o prazo para a formalização do contrato de financiamento que incluía a aprovação de crédito direto a ser concedido pela fornecedora para a parcela não financiada e a apresentação do projeto e especificações técnicas detalhadas dos produtos com a devida customização à realidade da instalação industrial do cliente. Em função do valor total de cada pedido e das taxas de juros oferecidas, a grande maioria dos clientes somente comprava por meio de financiamento bancário e, como forma de não desperdiçar a oportunidade de aproveitar o crédito disponibilizado, acabava por comprar em outras empresas fornecedoras, todas de porte muito menor e tecnologia menos atualizada, mas que estavam conseguindo cumprir o prazo mais restritivo daquele momento.

Após constatados os sintomas e realizada a medição do prazo médio que estava sendo praticado por essa empresa, foi lançado o desafio de redução de 32 para 17 dias a fim de obter adequação ao prazo máximo de 20 dias estabelecido pelas instituições financeiras. O entendimento do processo com enfoque gerencial, portanto sem necessidade de extremo detalhamento operacional, permitiu-nos identificar com segurança que as principais causas do consumo do recurso tempo não estavam na execução das atividades em si, mas eram geradas pela estrutura organizacional e o gerenciamento que esta imputava ao processo.

Foi possível mapear que havia fragmentação da sequência de atividades em sete diferentes áreas, desde a equipe de Vendedores atuando em todo o país, passando pelas Regionais de Vendas, até as áreas localizadas na matriz como Engenharia, Crédito e Cobrança, Programação da Produção, Suprimentos e Logística.

Qual a posição de nossa carteira de pedidos? Este era o questionamento recorrente do Diretor Superintendente ao qual a empresa não conseguia responder adequadamente em função de serem apresentados números variados conforme a origem. Como ocorre em geral, estavam todos já acostumados e até acomodados com a situação e foram sendo criados mecanismos de estimativa considerando a fonte da informação e seus critérios departamentais, incluindo valores médios e ponderações para amenizar redundâncias e o mais clássico dos sintomas, estavam em pleno funcionamento controles paralelos nas diversas áreas.

A solução projetada e implantada baseou-se no redesenho do modelo de estrutura organizacional que passou a incorporar a orientação ao processo de Gestão da Carteira de Pedidos e deixou de ser o tradicional agrupamento de funções por similaridade com elevada especialização e departamentalização. Analisadas as questões do contexto cultural e considerando a urgência para resolver o problema, optou-se por solução que mantivesse a subordinação hierárquica dos envolvidos, mas sem abrir mão da oportunidade de modificar radicalmente o funcionamento operacional por meio da implantação de célula administrativa encarregada de executar todo o processo, desde o recebimento da solicitação inicial dos Vendedores até a entrega da aprovação de crédito, projeto e especificações no menor prazo possível.

Diversos fatores contribuíram para que o prazo médio fosse reduzido para 13 dias, algo impensável no início do trabalho. Podemos citar:

o entendimento do processo completo pelos envolvidos, o início de conhecimento básico por todos sobre as atividades especializadas de crédito, engenharia, comercial, suprimentos e logística, a ciência do impacto de cada atividade no resultado final, a redução de tempos de espera entre as áreas, a unificação de prioridade de atuação, a eliminação de retrabalhos, a unificação de controles que antes eram paralelos, a rápida identificação de possíveis erros e a maior fluidez da comunicação agora instantânea.

Para tornar possível esse funcionamento, foi adotado layout administrativo que aproximou as estações de trabalho e permitiu que num simples movimento das cadeiras passasse a ser possível de forma imediata a utilização de uma grande mesa de reuniões por todas as pessoas necessárias à aceleração do processo e à tomada de decisões, incluindo o Diretor de Operações que estrategicamente tinha a sua sala ao lado. Foram adotados inicialmente controles visuais, depois informatizados, que permitiram a unificação da informação sobre o status de cada pedido e a tão esperada geração de um número único para responder sobre a posição da carteira.

Gratificante também foi observar o quanto esse novo arranjo possibilitou a qualificação das pessoas envolvidas e uma revitalização do papel de cada uma na organização, com reflexos no moral do time que se enxergava cumpridor de suas tarefas, porém devedor quanto a efetiva contribuição para gerar negócios e temeroso quanto ao próprio crescimento e até sobrevivência da empresa nesse contexto de mercado.

É esperado que a definição da estrutura organizacional atenda ao questionamento recorrente na vida das empresas sobre *"Quem responde pelo o quê?"*. Podemos afirmar que o problema real não é o surgimento da dúvida, mas sim a demora em solucioná-la.

Aspectos técnicos devem ser considerados, como por exemplo:

- Grau de complexidade das atividades envolvidas, podendo variar de altamente padronizadas até customizadas, conforme a demanda;
- Distribuição física das equipes, desde concentradas no mesmo local até largamente distribuídas;
- Nível de tecnologia empregado, entre manual, com auxílio de tecnologia e robotizada;
- Quantidade de subordinações diretas ao gestor;
- Grau de formação e qualificação das equipes;
- Patamar de atuação da área, desde estratégico até operacional.

Esses fatores são complementares, portanto, devem ser analisados em conjunto e sempre levando em consideração a maturidade da organização para a aceitação de conceitos mais avançados, sob pena de não ocorrer efetivo aproveitamento dos benefícios da estrutura organizacional redefinida ou até a volta ao modelo anterior, o que não é raro. Influenciadas por modismos da administração, situações contingenciais ou experiências positivas observadas, organizações tentam reproduzir soluções de forma direta sem a necessária análise e adequação às suas características particulares e objetivos de curto e longo prazos.

> Imaginemos uma organização fabril tradicional, com história de décadas de gestão baseada em práticas tradicionais de comando e controle, centralização de decisões, comunicação restrita entre os diversos níveis hierárquicos existentes, valorização de ideias somente daqueles que possuam muito tempo de casa, modelo funcional com departamentos estabelecidos por especialidades, equipes numerosas e concentração do poder. É um modelo que pode funcionar e gerar resultados.
>
> Por decisão dos sócios, influenciados pelo que observaram em importante companhia mundial, ocorre a contratação de um novo Diretor Geral que imediatamente inicia fortes mudanças no modelo de organização, incluindo tentativas de times autogerenciáveis, eliminação de níveis hierárquicos, extinção de cargos intermediários de gestão, além de incentivo e cobrança para que as pessoas tomem decisões sobre o seu trabalho. Passados alguns meses, a confusão está estabelecida, decisões não são tomadas, a produção se acumula em estoques intermediários, clientes ameaçam trocar de fornecedor e os sócios decidem voltar ao modelo anterior. Não há dúvida de que o modelo tentado também pode funcionar e gerar resultados, o que significa que o problema não foi o remédio, mas a dosagem aplicada.

"Em gestão, Ctrl C/Ctrl V (copiar e colar) não funciona."

AUTOR DESCONHECIDO

É ideal que administradores consigam combinar critérios técnicos com a correta interpretação de sua aplicação no contexto específico da organização, que inclui o estilo de gestão vigente, as características da estrutura organizacional atual, o histórico de mudanças internas promovidas que tenham ou não logrado êxito, a urgência frente a fatores externos como exigências da regulação do segmento de atuação e movimentos realizados pela concorrência no que tange ao atendimento aos clientes e canais de distribuição, bem como devem ser considerados as intenções e objetivos de curto, médio e longo prazos, tanto os de natureza econômico-financeira quanto de gestão.

Reações às alterações propostas são esperadas em maior ou menor grau, geradas pelo simples desconhecimento dos impactos da mudança, pelo sentimento de despreparo individual e coletivo para acompanhar as novidades que embasam o novo cenário e suas demandas por conhecimentos mais atualizados e pelo receio frente ao que seja diferente do atualmente estabelecido e, em tese, dominado. É normal que as pessoas fiquem preocupadas com a possibilidade da perda de função, da redução da importância das atividades desempenhadas, da mudança do sistema de poder no qual sentem-se valorizadas e até da extinção de seu posto de trabalho ou sua substituição por outro profissional.

Previamente à realização de mudanças, é recomendado que se avalie o grau de preparação da organização para incorporá-las, a intensidade e a velocidade impostas pelas intenções estratégicas ou por condições do ambiente externo, as naturais resistências e, fundamentalmente, a consistência de objetivos e o real poder de quem promove a reestruturação, tanto para o patrocínio do desenvolvimento do projeto quanto para a necessária firmeza na implantação. A soma desses fatores possibilita estimar a amplitude da lacuna entre a situação atual e os modelos possíveis a serem propostos, os riscos potenciais que poderão vir a ser enfrentados de forma preventiva ou no momento em que se materializarem. Tive a oportunidade de aprender com Eduardo Mancia, experiente e saudoso profissional da área organizacional, sobre a importância dessa avaliação para o estabelecimento do grau da mudança a ser proposta, desde a mais drástica e impositiva em função da premente necessidade até a mais paulatina e/ou colaborativa em função dos riscos envolvidos e da existência do recurso tempo para sua implementação.

É ideal que a organização possua a prática periódica de colocar em pauta a análise de sua estrutura organizacional, incorporando ao seu modelo de gestão uma saudável inquietude que reduz o risco de acomodação a modelos que geraram resultado no passado e podem estar defasados, promovendo uma escalada progressiva de aprimoramento. Em contrapartida, observa-se que organizações que tardam em promover tal análise tendem a necessitar de mudanças mais robustas e impactantes quando realizadas e que trazem como consequências a elevação do grau de risco e a necessidade de grande capacidade de gerenciamento de muitas mudanças simultâneas. Frente a essa situação, é recomendável que mesmo conseguindo projetar modelos mais avançados como ideais, fracione-se a implantação por meio de estruturas transitórias que cumprirão importante papel de passagem entre estágios muito distantes. Tenho proposto e acompanhado a implantação de soluções desse tipo com êxito ao amenizar maiores contratempos, riscos de colapso operacional, perda de informações e relacionamentos externos gerados por mudanças de pessoas-chave nos processos e proporcionar uma melhor distribuição de ações ao longo do tempo, o que em muito tranquiliza os patrocinadores das reorganizações.

A tecnologia tem ampliado e revolucionado a oferta de produtos e serviços, reduzido custos e criado novos modelos de negócio baseados em experimentação, recursos e ativos compartilhados, equipes sob demanda, forte engajamento e poderosos algoritmos e aplicativos. Tais características, descritas na obra *Organizações Exponenciais* de Salim Ismail, Michael S. Malone e Yuri van Geest, demandam grande flexibilidade, autonomia, aceitação a riscos e velocidade de resposta que desafiam os modelos mais tradicionais de estruturas organizacionais.

Observa-se a criação de novos empreendimentos já orientados a formatos mais leves e flexíveis, bem como organizações tradicionais tentando se adaptar e que necessitarão romper com seus modelos não somente de estrutura organizacional, mas de estilo de liderança, práticas de gestão, processos de trabalho, sistemas de remuneração, transparência de informações e descentralização de decisões. É possível prever que muitas organizações não conseguirão se adaptar e arcarão com grandes perdas, algumas tendem a desaparecer, outras criarão estruturas paralelas nesse novo formato para negócios específicos e haverá também aquelas que poderão permanecer com seu modelo tradicional sem maiores prejuízos.

Em geral, as estruturas têm sido formatadas no sentido de obter maior amplitude de atuação dos gestores por meio da criação de posições de comando que demandam profissionais com predominante perfil de gestão, ao contrário das estruturas mais antigas que demandavam profissionais com perfil técnico que acabavam promovidos a posições de comando em função de conhecimento e desempenho especialista. Essa mudança é percebida na transformação das estruturas, antes fragmentadas em pequenas áreas e agora mais consolidadas e encorpadas em termos de atividades. Por um lado, esse formato reduz o número de posições de mando e exige maior qualificação gerencial dos profissionais que as assumem e, por outro, libera os profissionais com perfil técnico das atividades gerenciais. Há dois importantes ganhos para a organização: maior objetividade nas decisões e na comunicação da alta administração até a base e, no sentido contrário, a permanência com valorização de excelentes técnicos em atividades para as quais podem contribuir enormemente.

É fundamental que as empresas estabeleçam trilhas para a tomada de decisões operacionais e estratégicas, devendo definir de forma clara, por exemplo, quem decide sobre o que, quem deve ser envolvido, qual limite do poder de decisão, quem pode aprovar recursos financeiros e em qual montante. Para tanto, recomendo a utilização de dois instrumentos que facilitam a promoção de debate, definições e alinhamento:

- Funcionograma – Descreve as principais atribuições definidas para cada função gerencial e diretiva, o quadro de pessoal aprovado e as vinculações hierárquicas, sendo muito útil para complementar o Organograma e servir de base para alinhar expectativas e estabelecer contratos de gestão com os que assumem o gerenciamento das áreas, e também para estes organizarem o funcionamento operacional das mesmas.
- Matriz de Responsabilidades – Apresenta a forma de participação das posições gerenciais e diretivas nos principais processos e decisões da organização, definindo o responsável, os envolvidos e a forma de envolvimento e de tomada de decisão.

O leitor já percebeu ou vivenciou que diversas organizações poderiam obter importantes ganhos de gerenciamento ao estabelecer tais definições. Pode-se afirmar que parte dessa carência ocorre pela defasagem entre uma estrutura definida no passado e a evolução pela qual passou a organização, o que caracteriza uma situação natural, "é do jogo", afinal de contas, a realidade interna e a externa estão mudando constantemente, quer seja pelo lado do mercado, quer seja pelo lado dos recursos disponíveis, e podem otimizar as operações, mas imputam a necessidade de maior conhecimento e de capacidade de gerenciamento, implantação de sistemas de governança corporativa, ampliação ou redução do quadro de pessoal, ampliação territorial ou desenvolvimento de alianças estratégicas. A consequência de não buscar adequação é a convivência com estruturas que não respondem ao novo momento, com a ineficácia das tentativas de implementar novas estratégias de negócio, com a carência de controle e com custos que poderiam ser evitados.

Há casos em que interesses individuais ou de grupos buscam a manutenção das práticas atuais que direcionam para a obtenção de decisões de forma não clara, emperrada, centralizada e, muitas vezes, na última hora. Uma das razões é a valorização obtida pelos "bombeiros de plantão", como muito bem define Ério Nascimento, autor desta obra. São aqueles profissionais que no caos surgem com alguma solução salvadora geralmente obtida por meio de atalhos no sistema formal da empresa e que tem valor para o caso específico, o problema importante do momento, a ação mais relevante da semana, a salvação da meta mensal nos últimos dias. Esse funcionamento resolve paliativamente, mas aniquila a organização formal e desmoraliza o sistema de autoridade e decisão estabelecido. A manutenção dessa dependência expõe a empresa a riscos, em especial de concentração de conhecimentos vitais em profissionais que podem tornar a empresa refém de sua atuação.

O redesenho da estrutura organizacional pode em muito ajudar a "desatar esse nó" por meio de mecanismos de descentralização de decisões, envolvimento de outros agentes em atividades críticas, definição de formas de controle, formalização de atribuições e implantação de estruturas transitórias que cumprirão importante papel durante determinado período.

> "Para se desenvolver um processo de reestruturação organizacional é necessário, primeiramente, conhecer a cultura organizacional e saber que a maioria dos problemas nasce de uma estrutura organizacional mal concebida."
>
> *DENIS ABRAHÃO*

Mais do que criar um desenho de caixinhas interligadas em um organograma, definir estruturas organizacionais implica gerar definições que ofertem sustentação ao seu funcionamento. É ideal que se realize a definição de políticas, por exemplo, níveis de autonomia para aprovação de despesas, alienação de ativos, realização de investimentos e provisões legais. Pode parecer que essas necessidades dizem respeito somente a grandes corporações, porém afirmo que se aplica também a empreendimentos menores, inclusive os incipientes, na medida da necessidade.

> Lembro-me do caso de três amigos muito motivados com o sonho de empreender um negócio, cheios de ideias e afoitos para iniciar. Custaram um pouco até alinhar a definição de produtos, mercados, preços e outras questões de negócio e negligenciaram a definição da forma como atuariam em termos de gerenciamento, qual o papel de

> cada um na organização e, em especial, quais os limites de autonomia. Obviamente, partiram da premissa ingênua de que entre amigos não haveria problemas dessa ordem e que "tocariam de ouvido", como se diz. Um dedicou-se mais a vendas, outro à produção e outro ao financeiro. O volume de negócios começou a crescer e gerar saldo nas contas bancárias e, na melhor das intenções, dois dos amigos sócios começaram a decidir isoladamente e gerar investimentos e despesas não combinadas a ponto de colocar o negócio em risco de quebra, a menos que houvesse novo e significativo aporte de capital. Vejamos, não havia má intenção ou desvios, muito pelo contrário, mas havia grande e descontrolada vontade de crescimento. Faltou a combinação de regras mínimas que podemos chamar de políticas de gestão, citadas anteriormente. Nesse caso, faltou combinar os temas e os valores que um sócio gestor poderia decidir isoladamente e o que deveria ser decido de forma colegiada.

Determinadas características da estrutura organizacional devem dar formato ao sistema de autoridade desejado pela alta administração, em especial à composição dos níveis hierárquicos por permitir concentrar ou diluir a autoridade por meio da distribuição entre as camadas que se sobrepõem na estrutura. Enquanto as mais achatadas possibilitam incremento de poder formal aos poucos níveis estabelecidos, as mais hierarquizadas tendem a fragmentá-lo e gerar redundâncias desnecessárias. Faz-se necessário encontrar o ponto ideal para evitar dificuldades de gerenciamento, o achatamento exagerado pode sobrecarregar a atuação dos gestores com decisões e encaminhamentos mais voltados à rotina operacional, dificultando sua esperada atuação mais tática e estratégica e, ao contrário, a excessiva hierarquização pode sobrepor papéis e imputar custos desnecessários. Tal análise deve considerar a desejada amplitude de atuação para os gestores: se reduzida, tenderá a funcionar melhor com menos níveis, se elevada, poderá ser necessário adicionar um nível.

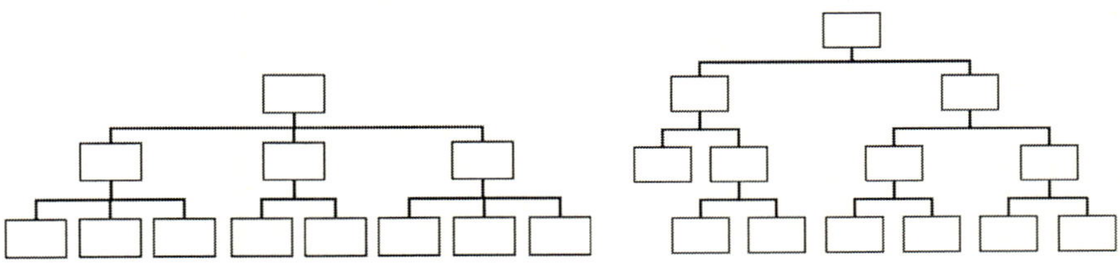

Cresce a preocupação de empresários em cada vez mais cedo tratar de um tema crítico para a longevidade das empresas, em especial familiares, a tão comentada Sucessão. Em parte pela intenção do empreendedor de aproveitar a vida mais cedo, de poder desfrutar de tempo para realizações pessoais e até outros projetos empresariais, mas também pela vontade e necessidade de trazer novos ares para a gestão por meio da incorporação de nova geração de cabeças capazes de acelerar a adaptação da empresa por estar bem mais afinada com esse turbilhão de novidades tecnológicas e de formatos de negócio que já afetam todas as organizações, incluindo compartilhamento de ativos, comércio eletrônico, financiamento coletivo e plataformas colaborativas. Que o digam as empresas tradicionais de hotelaria, locação de imóveis, telefonia, recrutamento de pessoal, transportes e de outros segmentos.

Surgem dúvidas relevantes sobre a forma de iniciar e realizar essa transição: Em quanto tempo? Por onde iniciar? Quem envolver? Quanto delegar? Como gerenciar a sucessão? A estrutura organizacional pode ser positivamente aproveitada para essa caminhada por meio da definição de atribuições, grau de autonomia, limites de alçada na tomada de decisões, combinação de entregas e resultados, estilo de gerenciamento de equipes e alocação de recursos.

Destaca-se a possibilidade de estruturar um produtivo monitoramento da transição para, mais do que controlar, apoiar o crescimento e a conquista de reconhecimento e validação nos ambientes interno e externo daqueles que estão assumindo papéis representativos na empresa e reduzir a natural insegurança de quem passa e de quem recebe o bastão. A estrutura organizacional deve ser utilizada para obter uma sucessão equilibrada em termos do ritmo desejado, da necessária minimização dos riscos inerentes a uma abrupta juvenilização da gestão e da geração de oportunidades aos sucessores para experimentação em papéis técnicos e executivos com efetiva aprendizagem e consequente aplicação no mundo real das empresas. Para tanto, é necessário planejar em que pontos da estrutura serão colocados instrumentos de controle, que áreas prioritárias deverão ser reorganizadas, meios de adequação da estrutura operacional às mudanças necessárias no modelo de negócio, funções ou áreas transitórias para o cumprimento de objetivos específicos, integração de processos, entre outras ações que facilitem a sucessão.

Destaco alguns cuidados necessários em projetos de reestruturação organizacional com o objetivo de planejar e atenuar, quando possível, implicações inerentes a esses movimentos pelos efeitos que podem gerar. Não existe receita única. Cabe aos responsáveis pelo patrocínio e pelo gerenciamento desses projetos customizar em função das particularidades de cada organização, sua realidade de mercado, a necessidade de geração de resultados pelo negócio e o contexto interno em termos de intenções estratégicas e relações de poder.

Acertos e erros, projetos levados a cabo com o alcance de resultados desejados, implantações por vezes mais tranquilas do que o esperado e outras bastante conturbadas, inclusive um ou outro projeto engavetado no momento da decisão, mostraram-nos a importância de prestar muita atenção em:

- *A estrutura real é diferente da formal* – O organograma pendurado na parede e apresentado nas reuniões não representa a realidade, quer seja por pura defasagem, quer seja pela existência de fortes caminhos paralelos que configuram um desenho diferente.
- *Não se contente com a simples redução de custos* – Se não eliminadas as causas de um funcionamento organizacional confuso, demorado e/ou redundante, os custos tendem a voltar ou permanecer de forma mascarada.
- *Sim, haverá desconforto momentâneo* – Melhor enfrentar reflexos de decisões enquanto a organização apresenta condições ideais ou minimamente razoáveis do que enfrentar consequências muito mais graves caso a decisão de não se reorganizar contribua para a não recuperação ou a redução de resultados necessários.
- *Comunique muito, adequadamente* – No momento certo, cada público envolvido ou interessado deve receber informações sobre a reestruturação em planejamento, decidida ou já em curso, sempre na medida e na linguagem apropriada. A falta de informações gera múltiplas interpretações equivocadas.
- *Planeje bastante, mas não perca o momento ideal* – Planejar é fundamental, mas cuidado para não cair em postergação de decisões e ações que por natureza podem apresentar algumas surpresas que devem ser gerenciadas na implantação. Passar do momento ideal pode gerar perdas ao projeto e seus resultados, bem como aos patrocinadores perante a equipe e o mercado.

- *Alinhe reconhecimento e remuneração* – A estrutura organizacional se fortalece quando as pessoas percebem valorização não somente para posições gerenciais, mas também que sistemas e práticas de gestão de pessoas possuem alinhamento ao modelo organizacional definido.
- *Incorpore ao modelo de gestão* – A prática regular de análises da estrutura organizacional, do quadro de pessoal e de métodos gerenciais reduz os impactos inerentes à realização pontual e tardia, como, por exemplo, a tensão gerada aos envolvidos, além de incentivar que gestores se antecipem por meio da geração de proposições de reorganização.

CASO 8:

SITUAÇÃO:

Atuei em um projeto para a reestruturação organizacional de empresa referência no seu segmento e com história relevante para a comunidade, muito bem estabelecida em termos de patrimônio, com importante capacidade de captação de recursos e detentora de tradição de gerenciamento fortemente conservador. Uma nova diretoria assumiu a gestão preocupada com a perpetuação do negócio, mesmo que isso significasse reduzir a distribuição de resultados no curto prazo para investir em condições mais adequadas aos novos momentos de mercado e requisitos da regulação do setor econômico no qual opera. Em função dos contratos firmados de longa duração e da necessidade de demonstrar saúde econômico-financeira ao mercado, o novo CEO, profissional com larga experiência em outros segmentos de negócio, convenceu o Conselho de Administração da necessidade de alongar o horizonte de planejamento e promover mudanças para gerar renovação do portfólio de produtos e serviços, incremento de resultado econômico nos contratos, ampliação da carteira de clientes e obtenção de maior produtividade administrativa.

PROBLEMA:

Já nas tratativas e provocações iniciais ao grupo de executivos, a nova diretoria percebeu enorme dificuldade para identificar oportunidades a serem exploradas em função da resistência a mudanças e da baixa experiência do grupo em outros ambientes e corporações. Ocorreu a contratação de um serviço de consultoria organizacional para aporte de necessária visão externa e isenta como forma de viabilizar o projeto para que essas oportunidades fossem identificadas e decisões tomadas e implementadas.

O mapeamento e a análise da realidade possibilitaram a identificação de diversas questões relevantes e suas causas que deveriam ser tratadas para eliminar a defasagem de performance frente a alguns concorrentes que se apresentavam com maior agilidade e preços competitivos. A estrutura organizacional real não apresentava o tradicional formato triangular e sim octogonal, pois possuía reduzida base de funções para a operacionalização do negócio e inflada camada intermediária com diversos níveis de funções de coman-

do e outras de assessoria. Como consequência, ocorria acúmulo de tarefas para determinados postos de trabalho, ociosidade para outros, prazos não cumpridos e custos desnecessários com horas extras e a alocação de pessoal de elevada remuneração para realizar atividades de menor complexidade. A análise dos macroprocessos demonstrou forte fragmentação da sequência e redundância de atividades que processavam o faturamento da companhia a partir da administração dos contratos firmados com clientes, incluindo suas pendências nos âmbitos administrativo e judicial. A divisão das atividades entre diversas áreas era tamanha que ao longo do tempo estas foram estabelecendo novos controles para acompanhar o andamento dos assuntos e protocolar entregas entre áreas como forma de prevenção para eventuais cobranças sobre demoras ou erros, um modo de funcionamento oneroso, defensivo, lento e que acabava por criar outras atividades desnecessárias.

A nova estrutura organizacional concebida para gerar vantagens competitivas por meio dos processos-chave foi implantada sem maiores percalços e mostrou-se eficaz para o alcance dos objetivos estratégicos estabelecidos em termos de produtividade, resultados, renovação do portfólio de produtos e serviços e ampliação da carteira de clientes em mercados antes não disputados por falta de foco na atuação da estrutura comercial.

APRENDIZAGEM:

As empresas desperdiçam tempo e abrem mão de gerar melhores resultados e retorno aos proprietários ou sócios pela demora em buscar adequação a uma nova realidade que está por chegar ou já está atropelando seu desempenho. Muitas acabam por buscar reorganizar-se exclusivamente para obter redução de custos e despesas por meio de simples cortes de pessoal e desperdiçam a oportunidade de buscar estruturação que efetivamente busque eliminar as causas da ineficiência operacional e que também alinhe a atuação efetivamente voltada para a conquista de novos mercados, clientes e incremento de receita.

CONCLUSÃO:

Movimentos organizacionais relevantes necessitam de patrocínio com a coragem de desafiar o modelo vigente que gerou resultados no passado, às vezes recente, fomentando inquietante dúvida quanto à viabilidade de continuar a repetir o mesmo desempenho em cenário que apresenta constante variação.

VAMOS CONVERSAR?

1. Considerando a principal estratégia da sua empresa, você considera que a estrutura organizacional atual está adequada? Justifique.

....

....

....

....

....

2. Considerando a rápida ascensão de novos negócios, sustentada pela disrupção que a tecnologia vem oferecendo, que novas formas de organização as empresas adotarão?

....

....

....

....

....

Anotações:

....

....

....

....

....

....

9.

Design Estratégico: Uma Nova Perspectiva para a Gestão de Negócios

Manoela Nascimento – Designer Visual pela ESPM-SUL, pós-graduada em Design pela FDMODA – Barcelona/Espanha e Mestre em Design Estratégico pela UNISINOS. Consultora na Prisma Resultados e Engenheira de Soluções na CWI Software. Sólida experiência na condução de Processos de Design e Inovação em empresas de diferentes setores, visando oportunizar soluções frente a problemas e oportunidades em ambiente empresarial.

"Design não está na moda. Faz parte do contexto atual."

MANOELA NASCIMENTO

Conheci minha profissão em uma época que o termo *design*, no Rio Grande do Sul, era popularmente relacionado a produtos, nas suas diferentes variações: carros, sapatos, cadeiras, utensílios domésticos etc. Da mesma forma, era comumente relacionado a moda, arte, gravuras, cartazes e estética de modo geral. Não tive dúvidas ao escolher essa carreira, pois desde criança sempre gostei de cores, imagens, lápis de cor e tudo que fosse diferente do comum. Ao ler a descrição das disciplinas de desenho, linguagem visual e projeto, identifiquei-me automaticamente e inscrevi-me no vestibular confiante de que estava apostando no curso certo.

De fato, acertei em cheio na carreira. Eu amo ser *designer*! Tive a oportunidade de estudar em uma faculdade orientada ao mercado, na qual disciplinas como Finanças, Mercadologia e Gestão eram obrigatórias para qualquer curso, inclusive para o curso de *Design* Visual. Essa conexão entre criatividade, números e *business* foi apaixonante e logo me fez perceber que desenhar, pintar e criar materiais visuais seriam habilidades complementares à principal função do *Design*: resolver problemas complexos, por meio de soluções que gerem resultados positivos para as empresas, para o mercado e para a sociedade. Assim, desde o início da minha carreira atuei em projetos de gestão de marcas, processos e novos negócios.

Em um cenário atual de constantes avanços tecnológicos, que impactam comportamentos sociais, perspectivas de carreiras, formatos de trabalhos e modelos de negócios, o papel do *design* nunca fez tanto sentido. A necessidade de novas abordagens que complementem modelos de gestão já estabelecidos tem sido tópico central de pautas estratégicas na alta administração das empresas, tornando oportuna a contribuição do *Design* para a construção e execução de estratégias organizacionais.

Apesar de ser diretamente relacionado a atividades estéticas, técnicas e funcionais, no decorrer dos anos, o *Design* tem mostrado sua relevância como fator de diferenciação e vantagem competitiva. Entre os diferentes significados atribuídos ao termo *design*, o filósofo **Vilém Flusser*** esclarece:

> *A tradução literal da palavra design é projeto; como substantivo, significa, entre outras coisas, propósito, plano, intenção, meta; na situação de verbo – to design – significa proceder de modo estratégico; etimologicamente, a palavra significa de-signar, ou seja, designar algo para um fim.*

Partindo do princípio de que todo projeto de *design* tem um objetivo a ser cumprido, de forma estratégica, é possível identificarmos sua evolução ao longo do tempo:

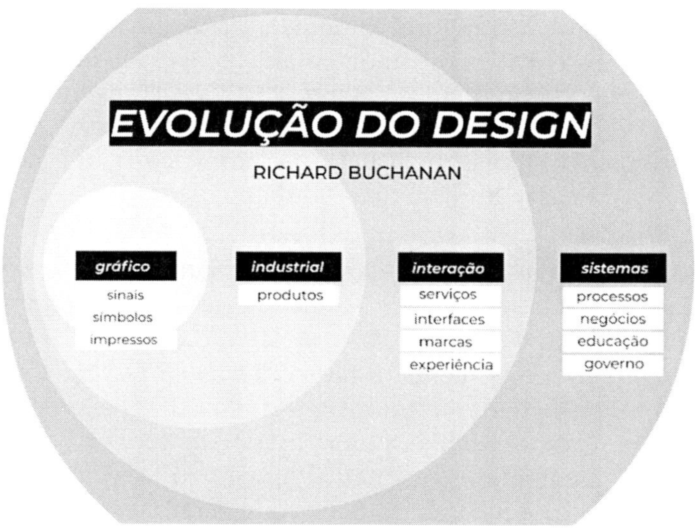

Passamos a compreender com mais clareza a sua atuação na geração de experiências, na influência de compra, na satisfação do consumidor, em melhorias de processos, redução de custos, identificação de oportunidades de negócio e no desenvolvimento de soluções inovadoras. Além de compreender o *Design* como uma perspectiva, um modelo mental que se estabelece em uma ação processual orientada à resolução de problemas complexos de forma holística, da qual sua visão estratégica tem muito a oferecer às empresas, quando levado a esse nível.

"O design tornou-se importante demais para ser deixado exclusivamente para os designers."

TIM BROWN

Antes de aprofundarmos sobre tal perspectiva, é importante esclarecer a atuação do *design* em três diferentes níveis:

a. *Operacional:* o *design* comumente é empregado ao processo de desenvolvimento de produtos, serviços ou materiais gráficos, tendo uma atuação pontual e orientada a questões técnicas e estéticas;

b. *Funcional:* o *design* acontece no gerenciamento de projetos, orientando suas capacidades à coordenação de processos, funções e recursos;

c. *Estratégico*: o *design* direciona o desenvolvimento de modelos de negócios, orientando, coordenando e conduzindo a execução de estratégias empresariais.

FATORES INFLUENCIADORES	NÍVEIS DE GESTÃO DE DESIGN		
	OPERACIONAL	GERENCIAL	ESTRATÉGICO
Consciência dos benefícios do design	Limitada aos especialistas; relacionada ao valor diferenciador do design.	Ampla, com abordagem interdisciplinar; associada ao valor coordenador do design.	Orientada pela alta administração, impacta todos os setores; relacionada ao seu valor transformador e inovador.
Incorporação do design aos processos organizacionais	Inconsistente e esporádica; incluído tardiamente, como consequência de ações isoladas.	Formal, orientado para o desempenho; dissemina o *know how* do design em outros setores .	Contínua, engajada na estrutura organizacional e ao pensamento estratégico da empresa.
Integração do design ao planejamento das organizações	Ausente ou limitada ao planejamento da oferta; atende a uma proposta inicial predefinida.	Existente e relevante ao integrar, articular e gerir equipes criativas.	Integrante do planejamento estratégico; liderança nos processos de inovação.
Competências de design	Específicas; ênfase na solução de problemas de produtos e serviços; eficiência ao desenvolver corretamente o projeto com foco no usuário.	Habilidades administrativas de coordenação de processos, funções e recursos; orientação para a inovação e gestão de risco.	Avançadas; acréscimo da dimensão estratégica, com leitura do contexto, desenvolvimento de políticas, elaboração de cenários futuros.
Investimento em design	Limitado a projetos específicos.	Suficiente, baseado no potencial de retorno.	Expressivo, com avaliação de retorno e de risco.

Desse modo, o *Design* Estratégico passa a agregar valor às empresas, na medida em que assume o papel de projetar esse valor. Isto é, sua perspectiva é orientada a toda a cadeia de valor de um negócio, concretizando o resultado gerado em sistemas de ofertas e não apenas em soluções pontuais. Sua lógica processual compreende o desenvolvimento de um sistema de soluções que une aspectos funcionais, valor simbólico e emocional, de modo que atenda e gere resultados positivos a todos os indivíduos em todos os níveis de um determinado contexto.

Por ser uma disciplina interpretativa que busca compreender diferentes pontos de vista, dentro e fora das organizações, a ação estratégica do *design* sustenta-se em suas competências fundamentais de *ver, prever e fazer ver*. A capacidade de *Ver* permite a compreensão e interpretação de comportamentos, habilitando o *designer* a extrair a essência do contexto para identificação de oportunidades. Já a habilidade de *Prever* favorece a criatividade e a projeção de cenários futuros, com base no que é observado. E, por fim, *Fazer Ver* é a habilidade de o *designer* tornar visível no campo do possível ideias e conceitos.

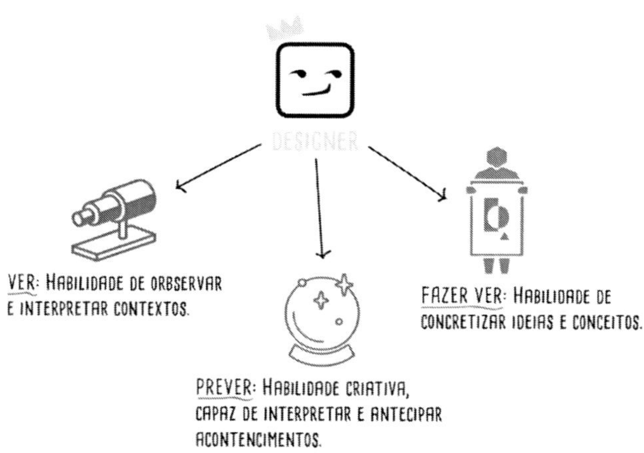

Na prática, é por meio da transdisciplinaridade e do diálogo que o *Design* Estratégico se relaciona com áreas distintas, possibilitando uma visão mais completa do todo e das partes. Porém, para que tais competências aconteçam no contexto organizacional em nível estratégico e sejam percebidas como fatores de diferenciação, como qualquer atividade corporativa, seu processo deve ser planejado, executado e coordenado. Além disso, para que as empresas consigam de fato assumir uma nova abordagem de gestão baseada no *design*, um conjunto de princípios característicos da disciplina devem ser prezados:

- *Empatia* – capacidade de se colocar no lugar do outro e compreender o seu ponto de vista, sem julgamentos.
- *Colaboração* – conectar diferentes conhecimentos de maneira colaborativa, visando propor soluções que façam sentido a toda cadeia de valor.
- *Experimentação* – testar ideias e conceitos de forma rápida e simples, com o objetivo de coletar *feedbacks* e realizar aprimoramentos de maneira controlada.

Tenho percebido que um dos grandes erros das empresas que têm buscado complementar suas abordagens de gestão com a perspectiva do *Design* é de querer executá-la sob o mesmo ponto de vista de modelos tradicionais. O *design* enquanto *drive* estratégico necessita de estrutura, etapas definidas que proporcionam uma lógica clara sobre seu processo e favoreçam o comportamento crítico e interpretativo da equipe de gestão. Isto é, antes de propor soluções, é importante que os envolvidos questionem, tenham mais clareza sobre o que está colocado e adquiram mais conhecimento para além das informações inicialmente disponíveis.

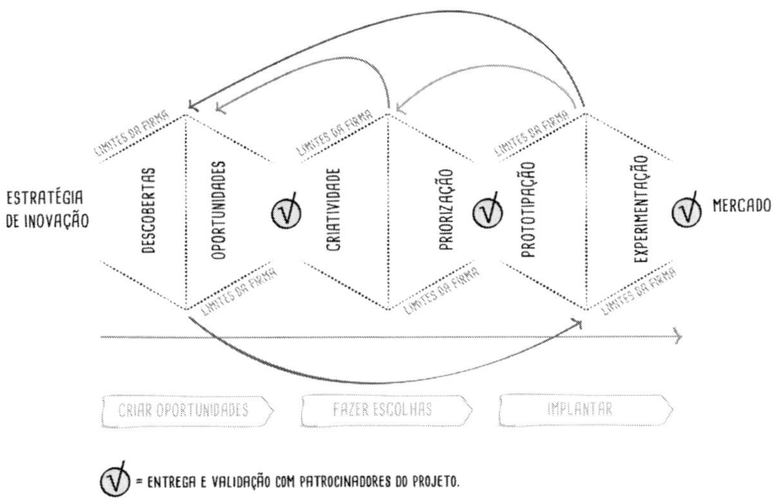

Todo processo de *design* parte de um desafio a ser resolvido. No contexto corporativo, esse desafio pode ser traduzido como um problema de gestão que a empresa tenha e esteja impactando o seu desempenho e seus resultados; ou como uma estratégia a ser executada, definida no seu planejamento estratégico; ou como uma oportunidade de negócio identificada pela gestão. A definição desse desafio é fundamental e deve ser valorizada pelas empresas, pois norteará todo o processo de trabalho.

Importante salientar que é comum nos ambientes empresariais a rápida, e até mesmo superficial, análise e definição desses desafios, quase que por impulso, influenciada pelas graves consequências de um problema importante ou pela grandeza e atratividade de uma oportunidade que toma forma na mesa da alta administração. Inúmeras vezes, defrontamo-nos com decisões incorretas no início do processo, provocadas principalmente pela superficialidade do diagnóstico e a não identificação das reais oportunidades.

Assim, é na fase inicial do processo que o caráter exploratório e investigativo do *Design* emerge, visando ampliar o ponto de vista da gestão sobre o tema, sem que respostas diretas sejam consideradas nesse momento. Primeiramente, a equipe orienta seus esforços a um espaço de ***Descobertas***, por meio de análise de dados da empresa e de mercado, de pesquisa de tendências tecnológicas e comportamentais, de aproximação com outras áreas, fornecedores, clientes e não clientes e de busca por novas informações ainda não conhecidas. Compreendemos essa etapa do processo como um momento em que a equipe de trabalho aumenta sua bagagem de conhecimento em relação ao desafio.

Podemos ampliar nosso entendimento sobre a importância dessa primeira fase apoiando-nos na parábola dos *Seis Cegos e um Elefante*:

"Basicamente, reporta-se a seis cegos que, nunca tendo conhecido um elefante, aproximaram-se dele para conhecê-lo. Cada qual o interpretou e descreveu a seu modo. Ao tatear o denso e grande corpo do bicho, um dos cegos afirmou tratar-se de um animal parecido com uma muralha. Outro, considerando as presas de marfim, disse que era uma poderosa máquina de guerra com enormes lanças. Ao segurar a tromba, o terceiro afirmou ser um animal semelhante a uma cobra. É uma árvore, exclamou outro cego ao tocar uma das pernas roliças do animal. Atingido pelo fino rabo, o quinto cego considerou que ele era um portador de cordas. O último afirmou tratar-se de um equi-

pamento de refrigeração com enormes leques ao perceber as grandes orelhas do elefante. Moral da história: todos estavam parcialmente corretos e, ao mesmo tempo, completamente errados. Aparentemente, esta mensagem é simples, mas sugere reflexões epistemológicas de maior relevo."

Na sequência, a fase de identificação de ***Oportunidades*** se estabelece com base em todo o conhecimento adquirido. A equipe de trabalho passa a interpretar todas as informações coletadas de modo a visualizar potenciais caminhos de diferenciação a serem seguidos e explorados com mais profundidade. Cabe salientar que ainda não iniciamos o momento de geração de soluções, mas sim de escolha de alternativas a serem seguidas. O entendimento da contribuição dessa fase de identificação de oportunidades não é muito simples no universo da gestão, já que a pressão por resultados em prazos reduzidos induz as equipes e a alta administração a "pular fases", querendo imediatamente partir para ideias e consequente implantação. Como comentamos antes, essa atitude configura-se como uma perigosa armadilha que leva os projetos e estratégias para o insucesso.

Antes de passarmos para a próxima fase, é adequado que ocorra o primeiro momento de tomada de decisão do projeto: ***Entrega e Validação com os Patrocinadores***, quando ocorre o alinhamento e a definição de pontos de vista em relação ao que foi gerado nas fases de *Descobertas e Oportunidades*. Esse passo revela-se como a introdução da gestão no projeto, avaliando o real entendimento da equipe em relação ao desafio e, principalmente, as alternativas potenciais que serão exploradas. A experiência tem trazido que essa ação de alinhamento e acompanhamento garante que o projeto esteja no caminho desejado pelos decisores, uma vez que possibilita a estes contribuírem com orientações, limitações e nivelamento de expectativas.

Desse modo, é na etapa de ***Criatividade***, também denominada de Ideação, que acontece a geração de ideias de fato, tendo como fio condutor as oportunidades encontradas na fase anterior. É importante que em um primeiro momento os envolvidos permitam-se "sair fora da caixa", buscando gerar o maior número de ideias possíveis. É fundamental que preconceitos, ideias já consolidadas na empresa ou modelos de sucesso em outros ambientes sejam considerados apenas como mais uma referência, mas não a solução já pronta para ser adotada. Esse comportamento de "copiar e colar" limita a capacidade de criar e inovar, além de funcionar como um fator desmotivador: *"eu sabia que no fundo a ideia do sponsor é a que prevaleceria"*.

Após dar vazão à criatividade, passamos a analisar e ***Priorizar*** as iniciativas sugeridas de acordo com a estratégia de negócio, cultura da empresa, recursos disponíveis e os desejos de todos os *stakeholders*. Nessa fase, a equipe deve buscar apoio de outros agentes internos para auxiliar na sugestão sobre as prioridades, podendo ser da área financeira, comercial ou até mesmo buscando referencial de órgãos superiores no seu modelo de governança, como a de um membro do conselho de administração.

Novamente, os patrocinadores são chamados para participar formalmente do projeto, agora com o olhar nas ideias geradas e na sugestão de prioridades. Conforme a participação anterior, novas orientações, limitações e possibilidades são passadas para a equipe, alinhando com todos o andamento e a potencialidade do projeto.

É na fase de ***Prototipação e Experimentação*** que a empresa obtém *feedbacks* positivos e negativos de forma qualificada, possibilitando uma maior assertividade na implementação das soluções encontradas. De forma simples e controlada, a equipe tangibiliza as ideias propostas por meio de desenhos, imagens, vídeos, *mockups*, simulações, entre outros artefatos. Desse modo, as empresas identificam a potencialidade das soluções propostas, bem como possíveis fragilidades, de forma controlada. Ou seja, antes de investir recursos e tempo para a execução das hipóteses geradas, os protótipos são testados com usuários reais em contextos semelhantes ao que a solução final vai se estabelecer. Erros ou inconformidades ocorrerão, mas cuidado, esses eventos fazem parte dessa fase.

A riqueza dessa etapa se estabelece com os ciclos de aprendizagem, que quanto mais rápido ocorrerem, mais rápido a gestão poderá alinhar suas ações e alcançar vantagens competitivas.

"Falhe logo para que você possa ter sucesso mais cedo."

TOM KELLEY

Assim, a fase de ***Implementação*** configura-se quando a solução validada é efetivamente colocada em prática, seja internamente na empresa ou com impacto no mercado.

No decorrer da minha caminhada, tive a oportunidade de me envolver em projetos de empresas de diferentes setores e portes. Conduzi processos em empresas de tecnologia da informação, cooperativas financeiras e da área da saúde, varejo, instituições de ensino, clubes de futebol, entre os mais variados segmentos. Arrisco-me a dizer com convicção que o *Design* Estratégico enquanto perspectiva para a Gestão de Negócios está se estabelecendo como a abordagem mais adequada para as empresas se manterem sustentáveis em longo prazo.

Além de sua ação processual, investigativa e prática ser orientada à resolução de problemas complexos, gerando soluções que integram objetivos de negócio, recursos disponíveis e desejos dos usuários, os resultados alcançados pela sua abordagem impactam as organizações de diferentes formas:

a. Favorece que as equipes de gestão executem o processo de forma dinâmica e propositiva; um dos grandes ganhos é o "abrir os feudos", ou seja, não existe área dona do problema ou oportunidade, a hierarquia é deixada fora do projeto, validando a participação de todos aqueles que possam contribuir com os seus conhecimentos.

b. Fomenta a atitude empática da empresa em relação aos seus colaboradores, fornecedores, parceiros, clientes e sociedade; os comportamentos de ouvinte, observador e disposição para aprender com os outros são acentuados, derrubando ideias preconcebidas ou de interesse parcial de uma área em detrimento aos reais interesses da empresa;

c. Oportuniza o trabalho colaborativo de fato, pois provoca o envolvimento de diferentes agentes que possam contribuir com seu conhecimento ao longo do processo; é possível afirmar que a multidisciplinaridade é um dos pontos altos do processo de *design*, pois ao conectar diferentes conhecimentos de maneira colaborativa, a caminhada da equipe de trabalho é mais rápida e a solução desenhada mais completa, fazendo sentido a toda cadeia de valor.

d. Sua perspectiva é orientada à inovação, pois necessita que a equipe inicie criando oportunidades, para depois projetar soluções; certamente, esse modelo mental é uma excelente forma de as empresas se organizarem para internalizar a atitude voltada para a inovação, mas com total integração aos requisitos de gestão.

e. Direciona o foco na efetiva execução das soluções validadas, garantindo o alcance dos resultados projetados; a participação dos *sponsors* durante o desenvolvimento do projeto vai colocando a equipe de trabalho constantemente dentro do escopo do negócio, minimizando a fuga para caminhos não validados internamente pela cultura e processo de gestão da empresa. Importante salientar que evoluções na cultura organizacional acontecerão, mas com o acompanhamento e gerenciamento dessas melhorias.

f. Desenvolve os participantes do projeto em temas de gestão que naturalmente são tratados nesse modelo; podemos afirmar que ele oportuniza o colocar em prática os fundamentos teóricos aprendidos em escolas de negócio, mas com ênfase prática na realidade da empresa.

g. E por último, e a meu ver o mais importante, a perspectiva do *Design* é centrada nas Pessoas, seja nas equipes participantes do projeto, seja com mais intensidade nos usuários das soluções implantadas. Complementar a esse ganho, também estou vendo acontecer nas empresas a identificação de novas lideranças internas, uma vez que a hierarquia formal é esvaziada, abrindo espaços para a participação ativa de todos, gerando oportunidades para o desenvolvimento de todos os agentes do projeto.

Acrescento os benefícios descritos acima com o destaque da seguinte equação:

APRENDIZADO = CONHECIMENTO + EXPERIMENTAÇÃO + COMPROMETIMENTO

O real aprendizado inicia-se com a possibilidade de as pessoas conhecerem conceitos e técnicas novas por meio de leituras, aulas, palestras e observações, mas é por meio das oportunidades de experimentar na prática que esses referenciais resultam em segurança e confiança no novo. Quando alcançado esse estágio, o tão desejado comprometimento configura-se. Nesse momento, o profissional atinge o nível de querer mais, de se posicionar com mais certeza, apoiado em conhecimentos adquiridos e experiências realizadas, dando solidez à real aprendizagem dos envolvidos.

Certamente, esse modelo é uma valiosa abordagem para as empresas enfrentarem problemas complexos na gestão dos seus negócios, bem como melhor se estruturar e executar estratégias para otimizar o aproveitamento de oportunidades, mas com a visão de perpetuar as organizações. A aprendizagem dos integrantes dos grupos funcionais em relação a formas mais flexíveis, integradoras e centradas em necessidades da sociedade materializa um ganho marginal muito importante, que com o tempo poderá se tornar o principal.

Tenho consciência de que ainda há muitas barreiras para o *Design* se consolidar como ativo estratégico em grande parte das organizações. Como qualquer área do conhecimento, há muito o que evoluir em termos de conceitos e percepções do seu papel. Porém, o cenário atual para o *Design* Estratégico enquanto perspectiva de Gestão de Negócios é próspero, já que favorece a articulação de habilidades e competências entre diferentes áreas do conhecimento, a fim de gerar aprendizado e efeito de sentido entre todos os envolvidos, além de capacitar e orientar a sensibilidade coletiva em direção a soluções que gerem resultados competitivos, factíveis e desejáveis.

VAMOS CONVERSAR?

1. Selecione e comente as principais diferenças que você percebe em relação à aplicação de *Design* para a solução de desafios de gestão em relação aos formatos tradicionais centrados em ações departamentais.

....

....

....

....

....

2. Além dos resultados para o negócio, você valida que os maiores beneficiados são as Pessoas? Justifique.

....

....

....

....

....

Anotações:

....

....

....

....

....

....

10.

Storytelling: Qual a Sua história?

João de Los Santos – Historiador formado pela UFRGS, possui pós-graduação em Patrimônio Cultural pela PUCRS e atualmente é mestrando em Memória Social e Patrimônio Cultural da UFPEL. Diretor da Lumia Consultoria em Pesquisa Histórica, atua com história institucional, projetos editoriais e na área do patrimônio cultural. Presidente da AMUPOA – Associação dos Amigos do Museu de Porto Alegre Joaquim Felizardo.

Podemos definir *Storytelling* como "a arte de contar uma boa história", "a atividade social de compartilhar histórias", em suma, uma narrativa que é construída e se mostra interessante ao seu receptor, sendo essa técnica utilizada em diversas produções de conteúdo, de mídias variadas, desde material impresso até meios digitais. De que forma ela pode agregar valor a uma marca? Todas as *storytellings* são iguais?

Primeiro, cabe falar um pouco mais sobre as características do termo. Na língua inglesa, há duas formas de uso da palavra história: *Story* e *History*. O primeiro está relacionado a textos que podem trazer elementos ficcionais ou simbólicos, desde narrativas épicas até literatura em geral. O segundo está relacionado à ciência, onde a reconstrução do passado ou a interpretação do presente baseia-se em documentos, mais presente em textos acadêmicos. Sendo assim, na construção de uma *Storytelling*, um fato ocorrido no passado pode ser utilizado mais como elemento alegórico do que propriamente uma descrição real. Por isso, ele pode ser adaptado a situações diversas, de modo criativo.

Um elemento indispensável em uma *Storytelling* é o narrador, personagem principal ou, melhor ainda, o herói. Seu relato ou descrição é crucial para que possamos decifrar mensagens, ensinamentos, enfim, compreender o teor e a importância do que é repassado. Quando citamos herói, por vezes pensamos em seres com "superpoderes", capazes de realizar feitos inimagináveis para nós. Muitas vezes, sim, estes são os personagens apresentados, mas sempre há neles uma alegoria a algo que possuímos em nós e em qual não acreditamos. Por outro lado, os heróis são seres "comuns": eles erram, acertam, perdem e ganham novamente. Resumidamente, são humanos. Como eu e você, cheios de possibilidades.

Sabemos um pouco sobre os elementos dessa construção de um roteiro. Mas será que são sempre iguais? Sabemos que não. Os textos religiosos (Bíblia, Alcorão, Torá etc.) são indiscutíveis quanto aos preceitos, passíveis de entendimento conforme seus regramentos – são universais. Os romances objetivam tanto o encantamento quanto a identificação com seus personagens, criando ou transformando realidades – são subjetivos. Como ferramenta de publicidade, a história de algumas empresas ou histórias relacionadas a empresas fazem um apanhado de construção de significados tanto universais quanto subjetivos. Filhotes, de qualquer espécie, causam comoção em qualquer lugar do planeta. Uma música, característica de uma região, pode atrair pessoas de outros lugares, mas certamente será mais significativa para aqueles para a qual a melodia é familiar.

Agora que fizemos uma explanação geral sobre o tema, falaremos um pouco sobre a Lumia. Trabalhamos com história institucional desde 2005, sendo que durante esses anos tivemos acesso a relatos incríveis sobre organizações que foram construídas e solidificadas por meio de sujeitos abnegados, com uma crença e persistência formidáveis, capazes de contornar obstáculos e criar condições para o desenvolvimento econômico de toda uma região. Entre esses indivíduos, chamados popularmente de "lendas vivas", alguns participaram de todo o processo de construção de uma trajetória ou foram cruciais em algum momento, mas muitos nem foram os principais personagens nessas tramas. Porém, muitas vezes um funcionário antigo, um fundador afastado, até mesmo um fornecedor, foram capazes, por meio de seus depoimentos, trazer à tona elementos que foram os diferenciais para as empresas alcançarem projeção e continuidade nos negócios. Isto sem falar naqueles que, por motivos variados, não tenham a sua importância enaltecida.

Apesar desse envolvimento com nossos clientes, na construção dessa empatia, no ensejo de conhecer e tornar admirável esse enredo para todos, sempre houve a preocupação, de nossa parte, em averiguar algumas informações. Seja em documentos próprios, seja em jornais de época, ou mesmo por meio de registros de memória de fundadores já falecidos, sempre pautamos que é possível tornar uma biografia empresarial ou de um grupo atraente, sem elementos sem comprovação em sua composição. Pode haver uma romanceada, como forma de enaltecer, mas não de mascarar ou falsear. Felizmente, sempre trabalhamos com empresas sérias, que abriram seus arquivos e procuraram descrever da forma mais nítida sua história. Mas nem sempre as coisas ocorrem assim. Muitas vezes, histórias são distorcidas, eventos são inventados, tudo em nome de uma narrativa atraente. Por vezes, não causam dano imediato, mas poderiam ser tratadas de outra forma. Vamos a um exemplo.

"Fazer gestão é 'saber' de histórias... história da construção, história do momento presente (sentindo-se parte dela), história das gentes e contribuir para a história do amanhã."

REJANIA DIAS

Durante algum tempo, circulou por meio de mensagens de *WhatsApp* e postagens no *Facebook* uma história muito interessante, que versava sobre um porteiro de um bordel, no interior do Rio Grande do Sul. Um novo gerente foi contratado para o estabelecimento onde ele trabalhava, sendo que esse profissional logo quis colocar em prática uma série de inovações. Em relação ao porteiro, solicitou que todos os dias ele anotasse quantos clientes entravam, o que consumiam, quanto gastavam etc. Mas havia um problema: o porteiro era analfabeto. Como não teria como atender às novas demandas, acabou por ser demitido. Frustrado, sem saber o que fazer, pois tinha desenvolvido aquele ofício durante praticamente toda a vida, ele lembrou que tinha uma habilidade, que era consertar cadeiras. Tomou, então, a decisão de investir nessa atividade. Porém, ele não possuía todas as ferramentas necessárias, sendo que decidiu investir o dinheiro da sua rescisão do trabalho em uma viagem para uma cidade maior para adquirir ferragens adequadas. Dois dias de viagem, sob o lombo de um burro.

Ao saber da sua ida até o município vizinho, um conhecido pediu que ele comprasse alguns utensílios. O antigo porteiro calculou uma margem de lucro sobre a compra e aceitou o pedido. Diversas viagens foram realizadas, outros tipos de pedidos foram realizados e aos poucos o antigo porteiro começou a juntar capital para constituir uma empresa. Aproveitando a habilidade desenvolvida no manuseio do maquinário, começou a montar facas, que aos poucos foram revendidas em toda a região e em outros locais distantes do estado, pois a qualidade do material era diferenciada.

Muitos anos depois, já reconhecido como um grande empresário, ele foi convidado pelo prefeito a inaugurar uma escola, a qual só foi possível construir graças às doações da sua firma. No ato da assinatura do documento oficializando a inauguração, o empresário esquivou-se, dizendo que não sabia escrever. O prefeito, espantado, comentou: se não sabendo escrever você construiu este império, imagina o que seria se soubesse! Nisso, ele comentou: seria porteiro de bordel.

No final do texto, era dito que aquela era a história de Valentin Tramontina. Hoje, a empresa que leva o seu sobrenome, com sede em Carlos Barbosa, Rio Grande do Sul, possui mais de dez unidades fabris no Brasil, exportando ferramentas, mobiliários, entre milhares de produtos diferentes para mais de 120 países.

A história tem todos os componentes de uma *storytelling*, muito bem elaborada. Primeiro, há o herói. Um homem simples, analfabeto, mas com uma grande virtude, ser trabalhador. Segundo, uma trajetória difícil, uma epopeia. Por fim, a crença no trabalho, a capacidade de criar alternativas e uma conduta lícita o fazem triunfar. Quem não se identifica, não admira, em suma, quem não sentiria orgulho dessa história?! Sem dúvida ela é maravilhosa. Mas não é verdadeira.

Mesmo que não tenha ocorrido qualquer manifestação oficial da empresa, que saibamos, no próprio material de divulgação da companhia não há nada que corrobore esse relato. Pensamos que a maior parte da população do nosso estado conhece os percalços que os imigrantes italianos enfrentaram ao chegar ao Sul. As terras que foram destinadas a eles ficavam distantes dos grandes centros, distantes dos grandes rios navegáveis. A eles não foram concedidos créditos para adquirir insumos e ferramentas. Enfim, uma grande companhia como a Tramontina alcançar um patamar de nível internacional já é simplesmente pontuar que essa história tenha sido árdua de ser percorrida, mas com um resultado fabuloso, por isso passível de respeito e consideração.

Só para constar: sou daqueles que admira muito a trajetória dessa companhia. Particularmente, tem algo que acho incrível em sua história. A empresa foi fundada por Valentin Tramontina em 1911, sendo que ele faleceu com apenas 46 anos, em 1939. Até esse período, a produção era artesanal, sendo os principais produtos produzidos facas e canivetes. A partir do falecimento do patriarca, dona Elisa Tramontina assume os negócios da família. Arrojada, decide investir em diversificação dos produtos e distribuição para outros mercados. Se o fundador teve o mérito de acreditar na produção, muito da história de sucesso da empresa deve-se ao espírito arrojado de sua matriarca.

Novamente nos perguntamos: é essencial que uma *storytelling* seja "verdadeira"? Já sabemos que não. Os comerciais da Coca-Cola, por exemplo, não falam da trajetória da empresa, sobre os produtos utilizados na fabricação etc. O comercial de Panetone da Bauducco descreve uma história sobre como foram feitos os primeiros panetones... Precisamos saber se é real? Não necessariamente. Mas e quando nos deparamos com uma história que contém elementos reais e que soam fantásticos, cativando o leitor/expectador?

Em 2005, recebi o convite para escrever um livro sobre o SICREDI. Confesso que conhecia vagamente o banco e quase nada sobre cooperativismo de crédito. Nos primeiros contatos, o *release* focava a comemoração dos 25 anos da retomada do cooperativismo de crédito. Exatamente, este termo: retomada. Como historiador, veio a pergunta: por que retomada? Seria válido falar sobre como era antes? Foi quando ouvi: sim, é uma história de 100 anos. Cem anos. Um século. Eu não conhecia. Um monte de gente não conhecia. Você conhece? Tentarei ser breve.

O cooperativismo de crédito no Brasil teve início no interior de Nova Petrópolis, numa localidade conhecida como Linha Imperial. Essa região foi colonizada por uma das últimas levas de imigrantes alemães que chegaram ao estado. Sempre que viajo para Gramado eu pergunto: se o motor do carro já tem de fazer força para estas subidas, já pensaram como os colonos chegaram aqui? Sim, não deve ter sido fácil. As promessas de terras férteis, o apoio para a aquisição de insumos e maquinários, enfim, todo um sonho vendido na Europa se desmanchava morro acima. As terras eram de difícil acesso, íngremes, longe da capital. Não havia financiamento para a produção. Dificilmente os bancos aceitavam terras não atrativas como garantia de pagamento e, em alguns casos, os colonos acabavam recorrendo a serviços de agiotas para poder capitalizar seus investimentos.

Deslocados, sem auxílio governamental, a quem esses colonos poderiam recorrer? A eles mesmos. Como o contato com as grandes cidades era dificultoso, os colonos recorreram a uma prática conhecida dos seus antepassados na Alemanha, as caixas rurais. Era um tipo de rede mútua que garantia que em caso de intempéries (secas, enchentes etc.) fosse possível ter uma reserva para a aquisição de sementes ou a realização de reparos. Sendo assim, depois da pioneira implantada em Nova Petrópolis, várias caixas rurais foram sendo constituídas, principalmente nas áreas de colonização alemã e italiana.

O surgimento do movimento cooperativista de crédito em várias localidades não foi obra do acaso. Um padre, o suíço Theodor Amstad, foi fundamental para que o movimento ganhasse força. Montando em uma mula, ele empreendia viagens de vários dias entre as diferentes colônias, em seu ofício de evangelização. Junto a isso, incentivava e organizava a fundação de várias cooperativas. Graças a ele, 35 cooperativas foram fundadas, posteriormente constituindo a União das Caixas Rurais do Rio Grande do Sul.

Agora daremos um salto no tempo. O ano é 1980. O sistema de crédito cooperativo, que teve um crescimento significativo durante quase 50 anos, estava quase fora de operação. No Rio Grande do Sul, das 54 cooperativas existentes antes de 1964, só restavam 13. Alguns escândalos envolvendo cooperativas de crédito mútuo (ligadas a sindicatos ou outro tipo de entidades urbanas) fizeram com que os militares criassem barreiras para a atuação de cooperativas no segmento financeiro. Por outro lado, a crise internacional causada pela alta do petróleo atingiu a economia. Como resultado, houve uma restrição na distribuição de crédito por parte do governo e uma taxação altíssima por parte dos bancos privados. A quem os agricultores poderiam recorrer? Novamente, a eles mesmos. Ou melhor, às suas cooperativas.

As cooperativas de produção, que armazenam e distribuem alimentos, também estavam afetadas pela crise. Nesse momento, a forma que elas encontraram para arrecadar recursos foi a capitalização de cooperativas de crédito ainda existentes e a criação de novas. Para tanto, foi fundamental a participação de Mário Kruel Guimarães. Antigo presidente da FECOTRIGO, tendo atuado no Banco Nacional de Crédito Cooperativo (BNCC), Guimarães percorreu o estado em prol da reestruturação do sistema de crédito até conseguir o apoio de nove das cooperativas remanescentes e fundar, em 1980, a COCECRER – Cooperativa Central de Crédito no Rio Grande do Sul.

Hoje, o SICREDI está presente em 22 estados do país, reunindo 116 cooperativas com uma rede de atendimento de 1.600 agências. Mais do que qualquer outro negócio, uma cooperativa depende de todos para prosperar. Mas é inegável que o papel exercido por personagens como o padre Theodor Amstad e Mário Kruel Guimarães foi fundamental para alcançar esse sucesso no Brasil. Mais importante ainda, dificilmente você encontrará algum colaborador ou cooperado (não há clientes: há cooperados) do SICREDI que não conheça a história da instituição e, mais ainda, a história desses protagonistas ou, como referenciado em conceitos de *Storytelling*, esses heróis.

No caso do SICREDI, trabalhamos com uma história que era conhecida por seus colaboradores e cooperados. Obviamente, não eram todos que sabiam a riqueza de detalhes dessa trajetória até ter acesso ao livro. No entanto, a grande maioria das pessoas envolvidas com o sistema de crédito cooperativo já sabia sobre a saga do Padre Amstad, ou mesmo sobre o processo de refundação do sistema no Rio Grande do Sul. Portanto, há empresas que investem na preservação da sua história e na preocupação de perpetuar seus feitos. Há também outro tipo de preocupação: o resgate histórico. Nesse caso, a instituição busca em seu passado elementos que possam demonstrar e compreender seus diferenciais, inovações e processos próprios que a tornaram um referencial, ainda que esse conjunto de fatores não esteja claramente expresso ao seu público interno, associados, admiradores, concorrentes etc. Para exemplificar, vamos apresentar um relato sobre o trabalho que está sendo realizado para as comemorações dos 50 anos da Escola de Futebol do Grêmio Porto Alegrense.

Sobre o Grêmio, acredito que dispensa maiores apresentações. Campeão Mundial, tricampeão da Libertadores, entre outras dezenas de conquistas importantes, o clube é reconhecido internacionalmente. Além disso, revelou craques que jogaram desde sua infância no clube, o que chamamos genericamente de categoria de base. Podemos citar, entre eles, o goleiro Danrlei, o lateral campeão do mundo em 1970 Everaldo, o meio campista Arthur, o atacante Douglas Costa e por aí vai, mais de uma centena de atletas que jogaram na seleção brasileira e em grandes equipes do mundo. De forma resumida, podemos dizer que em todas as grandes conquistas obtidas pelo Grêmio sempre houve a participação de jogadores formados na sua escolinha. Tudo bem, o leitor pode argumentar que isso ocorre nos outros times também. No entanto, durante o processo de realização da pesquisa, descobrimos que a Escola do Grêmio não forneceu somente jogadores para o clube principal, mas também forneceu um modelo, um jeito característico, que diferencia o Grêmio em relação aos demais clubes.

A Escola de futebol do Grêmio foi inaugurada oficialmente como Escolinha do Grêmio em 1969. É a mais antiga do país, talvez a mais antiga da América, com funcionamento ininterrupto. Mais interessante ainda, esta não foi a primeira experiência de treinamento de futebol com crianças no clube, pois encontramos registros da primeira partida dos "filhotes" do Grêmio em 1909, disputada contra o Fussbal, clube de descendentes de alemães, que encerrou suas atividades em 1944. Portanto, já havia uma tradição de futebol infantil, sendo que o clube disputava seguidamente competições de mirins, juvenis, juniores – o que hoje denominamos sub

15, 17 etc. Porém, a criação de uma estrutura voltada somente para o ensino do futebol foi uma inovação na época. Diversos foram os envolvidos, mas podemos destacar que a participação de Joubert Mota Pereira foi fundamental para a sua implantação.

"Reza a lenda" (como dizemos no Sul) que certo dia, acompanhando um treinamento da equipe principal no campo suplementar, Joubert viu um grupo de meninos jogando futebol. Isso não era um fato isolado, geralmente essas crianças ficavam brincando enquanto seus pais assistiam ao treino. Porém, Joubert teria confidenciado que seria interessante que aqueles meninos pudessem ter um treinamento específico, para que fossem aprimorados os fundamentos e técnicas, além do ensino sobre esquemas táticos. Para auxiliar na estruturação, ele convidou Júlio Arão, professor de educação física, que tinha já trabalhado com ele na SOGIPA.

Até aí, tudo bem. Muitos dos que conviveram no cotidiano do Estádio Olímpico e arredores, principalmente da comunidade da escolinha, atletas, pais, funcionários etc., sabiam dessa história. Porém, algo nos deixou intrigado: se já havia certa estrutura (muito amadora, é claro) de futebol desde praticamente o início do século, por que Joubert trouxe um profissional de outro clube? Mais importante, algo que não mencionei: por que foi buscado um treinador de atletismo para comandar esse trabalho?

Para encontrar essas respostas, decidimos pesquisar mais sobre a vida de Joubert. Além de uma vida praticamente inteira dedicada ao Grêmio, Joubert também foi, conforme citado antes, um importante dirigente da SOGIPA, clube de Porto Alegre onde são praticados diversos esportes, do remo ao atletismo. Além disso, foi um dos organizadores da famosa Universíade de 1963, competição esportiva internacional de jovens universitários, realizada em Porto Alegre. Ou seja, não somente um homem de futebol, mas um homem ligado a diferentes modalidades de esportes. E aí estava a diferença.

Em uma entrevista de 1973, Joubert disse que o futebol precisava ser tratado como esporte, ou seja, precisava ter uma disciplina. Segundo ele, era inaceitável que jogadores fossem tabagistas, muitas vezes até alcoolistas, abreviando suas carreiras e trazendo consigo todos os malefícios do vício. Sendo assim, era preciso enfatizar no futebol não somente as questões táticas de jogo, mas também a importância do condicionamento físico de excelência para o aumento da *performance* dos atletas.

Outro fator era considerado marcante: a identificação dos atletas com o clube. Na década de 1960, começaram a ocorrer as migrações de atletas. No plantel do Grêmio, por exemplo, havia muitos jogadores oriundos de outros estados. O futebol começava a se organizar profissionalmente e, ainda que as remunerações fossem baixas, já era possível sobreviver com os salários pagos. Apesar dessa oferta maior de atletas, da possibilidade de agregar talentos, muitas vezes o que ocorria é que a expectativa não coincidia com a realidade. Falta de ambientação com a cidade, de criação de laços de amizade e familiares, estranhamento com o clima, entre diversos outros fatores, faziam com que muitos atletas não rendessem o esperado. O que Joubert defendia é que "estrangeiros" eram bem-vindos, mas o Grêmio necessitava de "gente da terra". Pessoas criadas por aqui, homens que jogassem não apenas profissionalmente, mas sim com paixão, como se fosse uma luta, uma defesa a uma causa. Era mais que futebol. E isso faria a diferença.

Por último, a importância da participação dos pais. Eles seriam não somente os incentivadores, treinadores e juízes dos primeiros tempos, mas sim aqueles que inculcariam nas crianças o orgulho e a importância de ser gremista. Portanto, desde o início foi incentivada a criação e participação de uma espécie de círculo de pais e mestres, como existente em colégios tradicionais, para discutir questões de aprendizado, calendário de competições etc. Ou seja, a formação de uma comunidade forte, com vínculos afetivos, destinada a fortalecer a relação de torcedores com o clube.

Gostaria de falar mais sobre a trajetória, mas haveria pouco espaço. O que posso dizer é que nesses 50 anos muitas inovações foram trazidas. A construção de um centro de treinamento específico; a mudança de escolinha para a Escola; as experiências de conveniadas por todo o Brasil e até no exterior, entre outros destaques. Mas gostaria de deixar a minha reflexão sobre a importância da Escola. Quem acompanha o Grêmio sabe que um dos seus diferenciais é o que chamamos de "raça", ou seja, a entrega em campo, a determinação. Para isso não basta ter vontade, tem de ter resistência, condicionamento físico. Por outro lado, vemos nos ídolos gremistas uma grande identificação com o clube. Obviamente, muitos que desembarcam no estado se encantam com a estrutura do clube e o acolhimento da torcida. Porém, há aqueles que não estão apenas jogando, estão realizando um sonho: desde criança, vestindo o fardamento e indo treinar, pensando em um dia se tornar o jogador do SEU clube. Muitas vezes, afastando-se de suas famílias, convivendo com a saudade, em busca de um objetivo maior. Quando o dia chega, o que está em campo não é o salário, não é o *status*, não é o título. E Joubert, Júlio Arão e sua equipe enxergaram isso em 1969. E muitos torcedores sabem escalações completas de equipes memoráveis, mas não conhecem esses homens e sua importância.

Para concluir, demonstramos três estilos de *storytelling*: uma criação livre, uma estruturação de uma narrativa já conhecida e um resgate da memória. Na criação livre, não há um compromisso com a verdade. Na maioria das vezes, isso não importa, pois a mensagem é mais importante que os fatos. Porém, ao menos nesse caso, há uma inverdade que, embora não manche a imagem da empresa, deixa de explorar qualidades muito mais importantes. No segundo caso, o conhecimento e o orgulho de uma trajetória são consolidados, fazendo com que colaboradores e clientes admirem a companhia ainda mais. No terceiro, o resgate de personagens e acontecimentos, além de reforçar a admiração dos que têm simpatia pelo clube, qualifica a sua imagem para todos os tipos de público. A partir desses modelos, podemos dizer que há espaço para a criação do termo *Historytelling*? Gostaríamos muito da sua opinião. Favor enviar para lumia.consultoria@gmail.com

No momento em que as empresas estão muito preocupadas em se reinventar, provocadas pelas radicais mudanças que vêm ocorrendo no espaço competitivo dos negócios, buscar no seu passado referenciais e marcos que sustentam a identidade atual, o que as impulsionaram para chegar à dimensão que apresentam no presente, certamente é uma estratégia que valida o processo de mudança evolutivo, consistente e humano. Se empreendimentos de sucesso chegaram até aqui, é porque muitas outras pessoas fizeram a sua parte no passado.

A seguir, tentaremos sugerir um exercício nos moldes apresentados por Ério Nascimento.

VAMOS CONVERSAR?

1. O que você sabe sobre a trajetória da empresa em que atua?

....

....

....

....

....

2. De que forma ela pode sustentar no presente e futuro a sua missão e propósito empresarial?

....

....

....

....

....

Anotações:

....

....

....

....

....

....

Dados Técnicos:

• Formato:	16 x 23 cm
• Mancha:	12 x 19 cm
• Fonte texto:	Life BT
• Corpo:	11
• Entrelinha:	13
• Total de páginas:	216
• Lançamento:	2019